속성 기본 영어회화 4주

속성 기본 영어회화 4주

발행일	2021년 3월 17일

지은이	이종돈		
펴낸이	손형국		
펴낸곳	(주)북랩		
편집인	선일영	편집	정두철, 윤성아, 배진용, 김현아, 이예지
디자인	이현수, 한수희, 김민하, 김윤주, 허지혜	제작	박기성, 황동현, 구성우, 권태련
마케팅	김회란, 박진관		
출판등록	2004. 12. 1(제2012-000051호)		
주소	서울특별시 금천구 가산디지털 1로 168, 우림라이온스밸리 B동 B113~114호, C동 B101호		
홈페이지	www.book.co.kr		
전화번호	(02)2026-5777	팩스	(02)2026-5747

ISBN	979-11-6539-649-7 03740 (종이책)	979-11-6539-650-3 05740 (전자책)	

(주)북랩 성공출판의 파트너
북랩 홈페이지와 패밀리 사이트에서 다양한 출판 솔루션을 만나 보세요!
홈페이지 book.co.kr • **블로그** blog.naver.com/essaybook • **출판문의** book@book.co.kr

영어가
한 눈에 보이는
[조립식 도표영어]
Chart English
at a glance

속성 기본
영어회화

Fast-Track English Conversation
in Four Weeks

4주

이종돈 지음

외우는 영어가 아닙니다

✦ 영어 원리습득을 통해서 쉬운 생활단어를 활용,
 영작 및 말하기 응용능력 훈련

✦ 핵심 영문법 및 미국식 발음의
 연음기법 명쾌한 해설

✦ 영어 속독능력과 표현력 향상을 위한
 영어성경(마태복음 발췌) 독해연습

✦ 외국인의 한국어 학습을 위한
 영어와 한국어의 어순 비교도표
 Word order comparison of English and Korean

본 교재 관련
동영상 강의 중
(머리말 참고)

북랩 **book** Lab

추천사

10 February 2021

Letter of Endorsement: Jong Done Lee's Fast-Track English Conversation in Four Weeks (Text)

As proofreader of the textbook (writer: Jong Done Lee) used in this fast-track course, I am positive that this textbook will undoubtedly prove to be beneficial for both Koreans and non-Koreans alike whose mother tongue is not English.

Too many people worldwide spend far too much time trying to master English using boring, non-functional learning methods. This book enables students to easily comprehend English structure within the shortest time frame by analyzing sentences with uniquely specialized charts, something not ordinarily found in major ESL/EFL texts in Korea. Target sentences are arranged in increasing complexity, one building upon the previous in incremental and acquisitional fashion in terms of syntax or word order. Emphasis is on practical learning outcomes, not on mastering impractical pedagogical rules simply for the sake of drill. Students are directed and guided in understanding the underlying principles of sentence structure. This way of being trained in the composition of English sentences is both systematic and step-by-step, thus resulting in greater fluency in a relatively short time. Vocabulary used in this text is comprised of practical and easy words found in everyday casual contexts.

I recommend this text for intermediate English language learners, whether in high school or college. After you have finished this course, I am confident that you will be empowered to express yourself with greater confidence and assuredness in all aspects of daily life to include overseas travel, international business, and formal social gatherings. Not only that, but you will find that learning English with Jong Done Lee's unique approach can prove to be fun and, ultimately, rewarding in all aspects of your life whether you are still a student or are out of school already.

For readers' reference, I have worked as full-time Associate Professor of English for the University of Maryland University College (UMUC) throughout the Pacific before retiring in 2009 and then as Adjunct Associate Professor in English and Humanities before ultimately retiring in 2020 owing to the COVID crisis. The school teaches the US military and affiliated students wherever the US military has major overseas installations and is now called The University of Maryland Global Campus (UMGC).

Best wishes to you in all your English language learning endeavors! Study hard. Always.

---Ronald G. Roman

Associate Professor of English (Ret.)

University of Maryland University College (UMGC)

Seoul, Korea

2021년 2월10일

속성 기본 영어회화 4주 (저자: 이종돈)

나는 위 교재의 원고 교정자로서 이 교재가 영어가 모국어가 아닌 한국인 또는 외국인 모두에게 의심할 여지없이 유익할 것으로 확신한다.

세계적으로 너무 많은 사람들이 영어를 습득하기 위하여 따분하고 비기능적인 학습방법을 사용하면서 너무 많은 시간을 낭비하고 있다. 이 책은 영어 문장구조를 한국의 영어교재에서는 통상적으로는 볼 수 없는 독창적으로 특화된 도표로 문장을 분석함으로써 최단 시일 내에 영어 문장을 쉽게 이해할 수 있도록 하였다. 대상 문장은 구문론과 어순을 바로 직전의 학습과정에서 점차적으로 조금씩 추가하여 보다 복잡한 형식으로 점진적으로 습득하도록 되어 있다. 이 교재는 단순 훈련 목적의 비실용적인 학습규칙의 습득을 지향하지 않고 실용적인 학습결과에 역점을 두고 있다. 학습방향이 문장구조의 근본적 원리가 이해되도록 하였다. 영어문장의 구성에 있어서 이런 방법의 체계적이고 단계적 훈련 방법에 의해서 최단시일 내에 상당히 유창한 학습결과에 이르게 될 것이다. 이 교재에서 사용되는 어휘는 일상생활에서 사용되는 실용적이고 쉬운 단어로 구성되어 있다.

이 교재를 고등학교 또는 대학교 수준의 중급영어 학습자에게 추천한다. 이 과정을 마친 후에는 해외여행, 국제간의 사업, 공식적인 사교 등 일상생활의 모든 면에서 더욱 자신감과 확신감을 갖고 표현할 능력이 가능하게 될 것이다. 그뿐만 아니라 학생이든, 학생이 아니든 간에 저자의 독특한 학습 접근방법으로 영어를 배움으로써 재미있고 궁극적으로 여러분들의 삶에 있어서 큰 보람이 있을 것이다.

참고로 본인은 태평양 지역 Maryland University college의 영어 조교수로서 2009년 퇴직 전까지 근무했으며 그 이후 2020년 코로나 바이러스로 인한 퇴직 전까지 외래 영어 조교수로 활동해왔다. 본교는 미군과 미군속 학생들을 교육하고 있으며 현재는 University of Maryland Global Campus로 불려지고 있다.

Ronald G. Roman
영어 조교수(퇴직)
미국 University of Maryland College(UMGC)
Seoul, Korea

머리말

필자가 영어 강의를 시작한 지 20여 년이 되었다. 다년간의 국제협력 실무영어 경험을 바탕으로 초등학생부터 대학생, 관공서, 기업체 임직원, 가정주부 등을 대상으로 문법, 말하기, 듣기, TOEIC 등 다양한 과목을 강의해오면서 국내외에서 최초로 영어말하기 속성 훈련을 위한 [조립식 도표영어]를 개발하여 영어교육현장에서 적용해본 결과 성공적이었다.

수강생들은 한결같이 "영어선생님들이 과거에 왜 이렇게 쉽게 가르치지 않았을까요?", "영어 교과서가 이렇게 되어야 한다." 등 영어에 대한 흥미와 자신감을 확신하는 모습을 보고서 이를 세상에 널리 알릴 필요성을 느끼어 2012년 11월 동영상 강좌 "영어벙어리 속성탈출 24시간"((www.eng24.co.kr) 및 (www.dangoll.com/tv/eng24go))을 개설, 국내외의 수강생 및 영어교육 업계로부터 호평을 받아왔다.

금번에 기존의 교재를 수정·보완하고 여기에 독해력 및 표현력 향상을 위하여 성경(마태복음) 내용 중에서 엄선·발췌하여 단어와 핵심 문장구조 해설 및 번역을 추가하였다. 본 교재 앞부분의 「조립식 도표영어」 이해만 되어 있으면 성경영어의 어떤 문장도 독해가 가능함을 확인할 수 있을 것이다.

영어와 우리말의 큰 차이점은 어순 즉 말의 순서가 다르다. 따라서 핵심적인 문법체계를 통한 체계적 학습 없이 영어 말하기, 듣기, 쓰기가 쉽지 않음은 말할 필요도 없다. 특히 본 교재에서는 영어와 한국어의 어순 구성 〈비교 도표〉를 제시하여 외국인의 한국어 학습에도 도움이 되도록 하였다. 또한 한국어가 동서양 세계 언어의 뿌리임이 언어학자분들에 의해서 밝혀지고 있어 영어보다 습득이 용이한 한국어의 점진적 세계화를 기대해본다.

본 교재가 영어 초보자들에게 이해하기 쉽고 단기간 내에 영어 전반의 핵심파악이 가능함에 따라서 영어에 대한 흥미와 평생 영어학습을 하는 데 초석이 될 것으로 믿어 의심치 않는다.

2021년 3월
저자 이종돈 배상

수강 소감

✦ 외국 교수

▷ 이런 아이디어를 어디서 얻게 되었느냐? 베스트셀러가 될 만하다.

(미국 Maryland 대학 〈퇴직〉 영어 교수 Ronald.G. Roman)

▷ 한국 사람들이 이렇게 영어를 공부한다면 에너지, 시간, 돈 낭비 안 하겠다. 당신은 한국의 국보급이다.

(미국에서 30년 거주한 재미교포로서 미국에서 박사과정을 수료하고 미국에서 영어로 강의 중임)

✦ 수강생

▷ 영어선생님들이 과거에 왜 이렇게 가르치지 않았는지 모르겠다.

▷ 선생님을 만나고서 영어에 대한 흥미를 처음으로 갖게 되었다. 선생님을 만난 것은 행운이다.

▷ 이런 영어강의는 평생 처음 들어본다. 정말 쉽게 가르친다.

▷ 이렇게 하면 영어가 정말 쉽게 되겠다. 영어에 대한 감이 확 온다.

▷ 영어 교과서가 이렇게 되어야 한다. 교육부장관에게 건의하고 싶다.

▷ 정말 획기적이다. 영어 선생님들이 먼저 수강해야 하겠다.

▷ 학교, 학원 등 수많은 곳을 다녀봤지만 한국에서 이렇게 쉽게 영어말하기 교육을 하는 곳은 없다.

▷ 영어회화 공부하러 유명강사 수강, 개인지도 안 해 본 것 없다. 이 강의를 들어보면 이 강의가 얼마나 알아듣기 쉬운지 비교가 될 것이다.

▷ 50대의 고등학교 출신인데 전에는 단어를 어디에 붙여야 할지 영어가 뭔지 몰랐는데 이 과정을 열심히 2주 만에 모두 수강하고 2차로 듣는 중이다. 주변 사람 10명에게 수강하라고 권했다.

▷ 24시간 속성과정만 습득해도 웬만한 영어는 충분하겠다. 교재가 참 좋다.

▷ 6강까지만 듣고서도 해외에 이메일을 보냈는데 이해하고 답신이 왔다.

▷ 어떤 영어강의도 이보다 더 쉬울 수 없다. 이 강의를 듣고서 영어에 대한 궁금증이 해소됐다.

우리나라 영어교육의 문제점

- **영어교육에 대한 열성에 비하여 영어구사력의 실효성이 저조함**
  - ✦ 6~10년 이상 영어학습에도 불구하고 대다수가 영어 벙어리
  - ✦ 영어교육이 영어구사력(말하기, 듣기, 쓰기)보다는 시험준비 위주의 경향
  - ✦ 시간, 돈, 에너지 낭비에도 불구하고 수십 년간 개선되지 않고 있음

- **초보자들에게 적합한 영어교재가 없으며 영어교수기법이 난해함**
  - ✦ 각종 영어교재의 내용이 대다수에게 습득이 난해한 구조임
    - ▷ 교재 내용이 영어권에서 현지인으로서 생활하기 위한 내용이며 그 양이 방대하고 난해함에 따라서 흥미를 잃고 중도에 포기하는 경향
    - ▷ 내용의 편성이 난이도에 의한 단계별 구성은 되어 있으나 문장 구성능력의 완전한 단계성을 갖춘 교재는 없음
    - ▷ 실용도가 낮은 어려운 어휘로 구성되어 있음
    - ▷ 대부분의 교재 내용이 영어를 보면서 암기하고 눈으로 보는 학습에는 익숙해 왔으나 한국어를 영어로 바꾸는 훈련과정은 없음

영어공부 해결대책 제안

- **영어교육 목표의 단계적 재설정**
  - ✦ 영어교육의 1차적인 목표를 국제간의 교류, 협력, 여행 등을 위한 기본적인 의사소통능력(말하기, 듣기, 쓰기 등)으로 설정[초, 중등학교 및 일반 대중]
    - ▷ 쉬운 생활영어단어와 핵심 기본문법을 활용한 실용영어 응용능력 훈련
  - ✦ 다양한 어휘력과 독해훈련은 각자의 진로에 따라 2차적인 목표로 설정 [고등학교 상급 학년~대학교 이상]

- **국제교류에 기본적이고 한국인에게 적합한 영어교재 발굴 및 교육 확산**
  - ✦ 국제간의 교류, 협력 및 여행을 함에 있어서 꼭 필요한 영어는 현재 교육되는 방대한 교과서 및 영어회화 교재의 10% 이하의 양으로 추정됨

본 교재 구성

■ **핵심문법+말하기+듣기+쓰기** (36강좌) 동시속성 과정

✦ 핵심(골격)을 먼저, 살은 나중에 교육하는 순서의 교재 편성

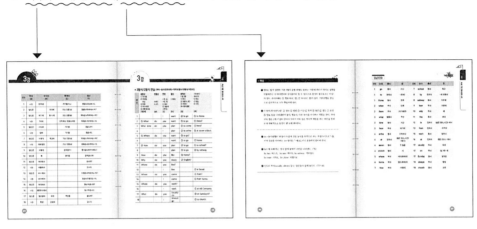

■ **약 800개의 전 문장이 단계적으로 [조립식 도표] 안에 전부 수록 (쉬운 생활단어 500개 활용)**

✦ 도표에 의한 문장구조[의문사+조동사+주어+동사+목적어+보어+(수식어)]가 구성요소 별로 도표 안에 이해하기 쉽게 표시되어 있음

✦ 교재의 구성과 문장구성이 완전히 단계적으로 되어 있어 단계적 이해를 바탕으로 점진적으로 기본영어의 전반이 단기간 내에 독파 가능함

■ **처음부터 마지막까지 한국어를 영어로 바꾸는 응용능력 훈련**

✦ 교재 및 강의내용이 영어를 먼저 보는 것이 아니라 한국어를 먼저 보고서 이를 영어로 바꾸는 쉬운 원리에 의한 응용능력훈련

✦ 첫 시간부터 말문이 열리기 시작하므로 영어학습 흥미유발

■ **독해력과 수준 높은 표현력 향상을 위한 영어 성경(마태복음 발췌) 첨부**

✦ 영어 문장은 생활교양과 관련된 내용 엄선 발췌

✦ 단어 및 핵심 문장구조 해설 첨가

✦ 번역은 영어학습에 도움이 되도록 가급적 의역을 피하고 직역 중심

수강 대상

▷ 영어단어를 200~300개 정도 알고 있는 영어 초보생

▷ 영어 열등생인 학생이 학원이나 개인지도를 받아도 별 진전이 없거나 영어공부가 힘들어 영어공부를 포기한 경우

▷ 해외 어학연수, 유학을 계획하고 있어 기본영어회화가 급한 경우

▷ 방대한 영어를 어떻게 시작해야 할지 모르는 만학도 성인

▷ TOEIC 수강에 필요한 기본영어가 안 되어 있는 학생, 성인

영문 약어 해설표

S subjective(주어)　　**V** verb(동사)　　**O** objective(목적어)

C complement(보어)　　**M** Modifier(수식어)　　**aV** auxiliary Verb(조동사)

목차

연변	주어 (S)	목적어 (O)		동사 (V)
1	나는	철수를		좋아합니다.
2	당신은	철수를		좋아합니까?
3	당신은	누구를		좋아합니까?
4	나는	이것을		원합니다.
5	당신은	이것을		원합니까?
6	당신은	무엇을		원합니까?
7	당신은	무엇을		좋아합니까?
8	나는	저것을		좋아합니다.
9	나는	커피를		필요(로) 합니다.
10	당신은	커피를(가)		필요(로) 합니까?
11	당신은	무엇을(이)		필요(로) 합니까?
12	나는	밥을		먹습니다.
13	나는	밥을	먹기를(먹고)	원합니다(싶습니다).
14	나는	닭고기(를)	먹기를(먹고)	원합니다(싶습니다).
15	나는	이것(을)	먹기를(먹고)	원합니다(싶습니다).
16	당신은	무엇(을)	먹기를(먹고)	원합니까(싶습니까)?
17	나는	물을		마십니다.
18	나는	물을	마시기를(마시고)	원합니다(싶습니다).
19	당신은	물을	마시기를(마시고)	원합니까(싶습니까)?
20	당신은	무엇을	마시기를(마시고)	원합니까(싶습니까)?

1강

✦ 3형식 연습 [주어+동사(현재시재)+목적어(명사/대명사/부정사)]

연번	의문사 ① 누구를 ② 무엇을 ③ 언제, ④ 어디서(로) ⑤ 어떻게 ⑥ 왜 [O]	조동사 (~까?) (~요?) [aV]	주어 (~은, 는, ~이, 가) ① 명사 ② 대명사 〈주격〉 [S]	동사 (~하다) [V]	목적어 (~을, 를) ① 명사 ② 대명사〈목적격〉 ③ 부정사 (to+동사원형) [O]	〈수식어〉 부사(구) ① 장소 ② 방법 ③ 시간 [M]
1			② I (나는)	like (좋아하다)	① Chulsoo. (철수)	
2		Do (~까)	② you (당신은)	like (좋아하다)	① Chulsoo? (철수)	
3	① Who (누구를)	do	② you	like?	<②>	
4			② I (나는)	want (원하다)	② this. (이것을)	
5		Do	② you	want	② this?	
6	② What (무엇을)	do	you	want?	<②>	
7	② What	do	② you	like?	<②>	
8			② I	like	② that. (저것을)	
9			② I	need (필요하다)	① coffee. (커피)	
10		Do	② you	need (원하다)	① coffee?	
11	② What	do	② you	need?	<②>	
12			② I	eat (먹다)	① rice. (밥)	
13			② I	want	③ to eat rice. (밥)	
14			② I	want	③ to eat chicken. (닭고기)	
15			② I	want	③ to eat this.	
16	② What	do	② you	want	③ to eat?	
17			② I	drink	① water.	
18			② I	want	③ to drink water.	
19		Do	② you	want	③ to drink water?	
20	② What	do	② you	want	③ to drink?	

영어와 우리 한국어와의 큰 차이점은 어순 즉, 말의 순서가 다르다. 따라서 본 교재에서는 쉬운 단어로 체계적인 어순훈련을 함으로써 말하기, 듣기, 쓰기를 동시에 쉽게 정확하게 할 수 있도록 하는 데에 역점을 두고 있다.

❶ 영어는 기본문장 5형식과 수식어(*후술)로 구성되어 있는데 5형식을 벗어난 문장은 거의 없으며 이를 활용한 말하기, 듣기, 쓰기 연습은 영어를 속성으로 할 수 있는 지름길이다.

〈1〉 [1형식]주어+동사 〈2〉 [2형식]주어+동사+보어 〈3〉 [3형식] 주어+동사+목적어

〈4〉 [4형식]주어+동사+간접목적어+직접목적어   〈5〉 [5형식]주어+동사+목적어+보어

본 교재에서는 문장의 각 형식의 해당 구성요소별로 하나씩 단계적으로 연습하게 된다.

❷ 일상생활에서 위의 〈3〉 3형식 문장이 가장 많이 쓰이므로 그것부터 먼저 연습하겠다.

① 주어는 우리말의 「은, 는, 이, 가」에 해당하는 영어 단어를 주어의 어순 위치에 놓는다.
② 동사는 우리말의 맨 끝에 오는 「~다, 요, 까」 의미의 영어 단어를 동사 위치에 놓는다.
③ 목적어는 우리말의 「~을, 를」 의미의 영어 단어를 목적어의 위치에 놓는다.

목적어에 해당하는 ① 한국어 「을, 를」 의미의 영어의 명사는 없으므로 명사 그 자체를 목적어의 어순의 위치에 놓으면 자동으로 그런 의미가 되며 ② 목적격 대명사는 그런 의미의 별도의 단어가 있다. ③ 동사를 목적어로 할 때는 부정사 즉, [to +동사원형]을 목적어의 어순의 위치에 놓으면 된다. 동사원형이란 변화되기 전의 사전에 있는 원래의 동사를 칭한다.

연번	주어 (S)	수식어 (M)	목적어 (O)		동사 (V)
1	나는		영어를		공부합니다.
2	나는		영어를		필요(로) 합니다.
3	나는		영어를	공부하기를	필요(로) 합니다.
4	나는		영어를	공부하기를	원합니다.
5	나는		영어를	공부하기를	좋아합니다.
6	나는		영어를	공부하기를(할)	계획합니다(입니다).
7	당신은		영어를	공부하기를(할)	필요합니까?
8	당신은		무엇을	하기를(하고)	원합니까(싶습니까)?
9	당신은		무엇을	하기를(하고)	좋아합니까(싶습니까)?
10	당신은	내일	무엇을	하기를(하고)	계획합니까(싶습니까)?
11	당신은	왜	영어를	공부하기를(할)	필요합니까(필요가 있습니까)?
12	나는		TV를		봅니다.
13	나는		TV를	보기를(보고)	원합니다(싶습니다).
14	나는		철수를		만납니다.
15	나는		철수를	만나기를(만나고)	원합니다(싶습니다).
16	나는		철수를	만나기를(만날)	계획합니다(계획입니다).
17	나는		과자를		삽니다.
18	나는		과자를	사기를(사고)	원합니다(싶습니다).
19	나는		이것을	사기를(사고)	원합니다(싶습니다).
20	당신은		무엇을	사기를(사고)	원합니까(싶습니까)?

2강

속성 기본 영어회화 4주

✦ 3형식 연습 [주어+동사(현재시재)+목적어(명사/대명사/부정사)]

연번	의문사 ① 누구를 ② 무엇을 ③ 언제 ④ 어디서(로) ⑤ 어떻게 ⑥ 왜 [O] [M]	조동사 (~까?) (~요?) [aV]	주어 (~은, 는, ~이, 가) ① 명사 ② 대명사 〈주격〉 [S]	동사 (~하다) [V]	목적어 (~을, 를) ① 명사 ② 대명사〈목적격〉 ③ 부정사 (to+동사원형) [O]	〈수식어〉 부사(구) ① 장소 ② 방법 ③ 시간 [M]
1			I	study	① English.	
2			I	need	① English.	
3			I	need	③ to study English	
4			I	want	③ to study English.	
5			I	like	③ to study English.	
6			I	plan	③ to study English.	
7		Do	you	need	③ to study English?	
8	② What	do	you	want	③ to do?	
9	② What	do	you	like	③ to do?	
10	② What	do	you	plan	③ to do?	③ tomorrow?
11	⑥ Why	do	you	need	③ to study English?	
12			I	watch	① TV.	
13			I	want	③ to watch TV.	
14			I	meet	① Chulsoo.	
15			I	want	③ to meet Chulsoo.	
16			I	plan	③ to meet Chulsoo.	
17			I	buy	① cake.	
18			I	want	③ to buy cake.	
19			I	want	③ to buy this.	
20	② What	do	you	want	③ to buy?	

✧ 인칭대명사

단수			복수		
주격 (~은, 는)	소유격 (~의)	목적격 (~를,~에게)	주격 (~은, 는)	소유격 (~의)	목적격 (~를,~에게)
I (나는)	my	me	we (우리들은)	our	us
you (당신은) (너는)	your	you	you (당신들은) (너희들은)	your	you
he (그는) she(그녀는) it(그것은)	his her its	him her it	they (그들은)	their	them

오늘의 단어

연번	단 어	품사	뜻	연번	단 어	품사	뜻
1	study	동사	공부하다	10	tomorrow	부사	내일
1	English	명사	영어	11	why	부사	왜
2	need	동사	필요하다	12	watch	명사	시계
6	plan	명사	계획			동사	보다
		동사	계획하다	15	meet	동사	만나다
8	do	조동사	~까?	17	buy	동사	사다
		(본)동사	하다	17	cake	명사	과자
11	watch	동사	보다				

연번	주어 (S)	수식어 (M)		목적어 (O)	동사 (V)
1	나는	한국에		가기를(가고)	원합니다(싶습니다).
2	당신은	언제	여기에	가는 것을(갈)	원합니까?
3	당신은	여기에	몇 시에	오는 것을(올)	계획합니까(계획입니까)?
4	나는	7시에		도착하는 것을(도착할)	계획합니다(계획입니다).
5	당신은	어디에		가기를	원합니까?
6	나는	집에		가기를	원합니다.
7	당신은	어떻게	학교에	가는 것을(갈)	계획합니까(계획입니까)?
8	나는	지하철로		가는 것을(갈)	계획합니다(계획입니다).
9	당신은	어떻게		한국을(이)	좋아합니까(어떠세요)?
10	당신은	왜		영어를	공부합니까?
11	당신은	어디에서			삽니까?
12	나는	서울에서			삽니다.
13	당신은	(어디)에서			오셨습니까(출신입니까)?
14	나는	(한국)에서			왔습니다(출신입니다).
15	당신은	어디에서			일(근무)합니까?
16	나는	AB회사에서			일(근무)합니다.
17	당신은	일요일에	대개	무엇을	합니까?
18	나는	항상	교회에		갑니다.

3강

✦ 3형식/2형식 연습 [주어+동사(현재시재)+목적어(명사/대명사/부정사)]

연번	의문사 ① 누구를 ② 무엇을, 무슨 ③ 언제 ④ 어디서(로) ⑤ 어떻게 ⑥ 왜 [O][M]	조동사 (~까?) (~요?) [aV]	주어 (~은, 는, ~이, 가) ① 명사 ② 대명사 〈주격〉 [S]	동사 (~하다) [V]	목적어 (~을, 를) ① 명사 ② 대명사〈목〉 ③ 부정사 (to+동사원형) [O]	〈수식어〉 부사(구) ① 장소 ② 방법 ③ 시간 [M]
1			I	want	③ to go	① to Korea.
2	③ When	do	you	want	③ to go	① there?
3	What time	do	you	plan	③ to come	① here?
4			I	plan	③ to arrive	③ at seven o'clock.
5	④ Where	do	you	want	③ to go?	
6			I	want	③ to go	① home.
7	⑤ How	do	you	plan	③ to go	① to school?
8			I	plan	③ to go	② by subway.
9	How	do	you	like	③ Korea?	
10	Why	do	you	study	③ English?	
11	Where	do	you	live?		
12			I	live		① in Seoul.
13	Where	do	you	come		① from?
14			I	come		① from Korea.
15	Where	do	you	work?		
16			I	work		① at AB Company.
17	What	do	you	(usually) do		③ on Sunday(s)?
18			I	(always) go		① to church.

≡ 해설

❶ 영어는 앞서 설명한 기본 5형식 문형 외에도 말하는 사람에 따라서 추가로 설명을 덧붙여주는 수식어(언어의 장식품이라 할 수 있으므로 문장의 필수요소는 아님) 가 있다. 수식어에는 ① 형용사(구, 절), ② 부사(구, 절)가 있다. 기본문형을 중심 으로 순차적으로 모두 학습하게 된다.

❷ 수식어〈부사(구)〉란 ① 장소 ② 방법 ③ 시간 ④ 목적 ⑤ 원인 ⑥ 정도 ⑦ 조건 ⑧ 양보 등을 나타내면서 동사, 형용사, 다른 부사를 수식하는 역할을 한다. 부사 구라 함은 2개 이상의 단어가 모여서 이와 같은 부사적 역할을 하는 어군을 뜻하 는데 대체적으로 문장의 맨 뒤에 위치한다.

---

❶ [to +동사원형]이 타동사 다음에 오면 동사를 목적으로 하는 부정사이므로 「~를」 이며 장소를 의미하는 [to+명사]는 「~에(로)」이니 혼동하지 말아야 한다.

❷ by(~에 의해서)는 명사 앞에 놓여서 수단을 나타낸다. 〈*8〉
by bus: 버스로,   by taxi: 택시로,   by subway: 지하철로
by train: 기차로,   by plane: 비행기로

❸ 빈도의 부사(usually, always 등)는 일반동사 앞에 놓인다. 〈*17~18〉

오늘의 단어

연번	단어	품사	뜻	연번	단어	품사	뜻
1	go	동사	가다	7	school	명사	학교
1	to	전치사	~로(에)	8	by	전치사	~에 의해서
1	Korea	명사	한국	8	subway	명사	지하철
2	when	부사	언제	9	how	부사	어떻게
2	there	부사	거기에(로)	10	why	부사	왜
3	what	형용사	무슨	11	live	동사	살다
3	time	명사	시간	12	in	전치사	(넓은 장소,시간)~에서
3	here	부사	여기에	13	from	전치사	~로부터
4	arrive	동사	도착하다	15	work	동사	일하다
4	at	전치사	(좁은 장소,시간)~에(서)	16	at	전치사	(좁은 장소)~에서
4	seven	명사	7, 일곱	17	usually	부사	대개
4	o'clock	명사	시	17	on	부사	(날, 때)~에
5	where	부사	어디로(에서)	17	Sunday	명사	일요일
6	home	부사	집으로(에서)	18	always	부사	항상
7	how	부사	어떻게	18	church	명사	교회

연번	주어 (S)	수식어 (M)	목적어 (O)	동사 (V)
1	우리(는)			갈까요?
2	우리	어디에(어디로)		갈까요?
3	우리	집에(집으로)		갈까요?
4	우리	언제		갈까요?
5	우리	수업 마치고(수업 후에)		갈까요?
6	우리	몇 시에		갈까요?
7	우리	오후에		갈까요?
8	우리			만날까요?
9	우리	언제		만날까요?
10	우리	이번 토요일에		만날까요?
11	우리	몇 시에		만날까요?
12	우리	두 시에		만날까요?
13	우리	어디에서		만날까요?
14	우리	학교에서		만날까요?
15	우리		무엇을	할까요?
16	이번 주말은	어때요?		
17	토마토주스는	어때요?		
18	나는	어때요?		
19	그는	어때요?		
20	그녀는	어때요?		

4강

✦ 2형식 연습 [주어+동사(미래시재)+목적격(명사/대명사)]

연번	의문사 ① 누가(를) ② 무엇이(을) ③ 언제, ④ 어디서(로) ⑤ 어떻게 ⑥ 왜 [O][M]	조동사 (~까?) (~요?) [aV]	주어 (~은, 는, ~이, 가) ① 명사 ② 대명사 〈주격〉 [S]	동사 (~하다) [V]	〈목적격〉 ① 명사 ② 대명사〈목〉 [O]	〈수식어〉 부사(구) ① 장소 ② 방법 ③ 시간 [M]
1		Shall	we	go?		
2	Where	shall	we	go?		
3		Shall	we	go		home?
4	When	shall	we	go?		
5		Shall	we	go		after class?
6	What time	shall	we	go?		
7		Shall	we	go		in the afternoon?
8		Shall	we	meet?		
9	When	shall	we	meet?		
10		Shall	we	meet		this Saturday?
11	What time	shall	we	meet?		
12		Shall	we	meet		at two o'clock?
13	Where	shall	we	meet?		
14		Shall	we	meet		at school?
15	What	shall	we	do?		
16	How about				this weekend?	
17	How about				tomato juice?	
18	How about				me?	
19	How about				him?	
20	How about				her?	

❶ 조동사 [shall]은 1인칭(I, we) 미래시재의 질문에 쓰인다.

❷ 전치사(about)는 명사(구), 대명사(목적격) 앞에 쓰인다.<*16~20>
  ① 전치사+명사(this weekend는 부사구이지만 명사구로도 쓰인다.)
  ② 전치사+대명사(목적격)

❸ [in] [at]의 사용법
  ① [in]은 넓은 장소, 넓은 시간 앞에 쓰인다. 예 in Seoul (서울에서)
                                              in the afternoon (오후에)
  ② [at]은 좁은 장소, 좁은 시간 앞에 쓰인다. 예 at home (집에서)
                                              at two o'clock.

오늘의 단어

연번	단어	품사	뜻	연번	단어	품사	뜻
1	shall	조동사	~일(~할) 것이다.	16	this~	부사구	이번 주말에
5	after	전치사	~후에	17	juice	명사	주스, 즙
5	class	명사	수업, 학급	17	tomato~	명사구	토마토주스
7	afternoon	명사	오후	18	me	대명사	나를, 나에게
10	Saturday	명사	토요일	19	him	대명사	그를, 그에게
10	this~	부사구	이번 토요일에	20	her	대명사	그녀를, 그녀에게
16	about	전치사	~에 대해서, 약		us	대명사	우리들을, 우리들에게
16	How~		~은 어때?		you	대명사	당신(들)을, 당신(들)에게
16	weekend	명사	주말		them	대명사	그들을, 그들에게

연번	주어 (S)	수식어 (M)		목적어 (O)	동사 (V)
1	당신은	저녁식사 후에		무엇을	할 것입니까(할 거예요)?
2	나는			영어를	공부할 것입니다(할 거예요).
3	나는			철수를	만날 것입니다(거예요).
4	당신은			누구를	만날 거예요(것입니까)?
5	당신은	언제		그를	만날 거예요?
6	나는	오늘		그를	만날 거예요.
7	당신은	몇 시에		그녀를	만날 거예요?
8	나는	6시경에		그녀를	만날 거예요.
9	당신은	어디에서		나를	만날 거예요?
10	(나는)	서울공원에서		(당신을)	만날 거예요.
11	당신은	어떻게	서울에	갈(가는 것을)	계획이세요(계획하세요)?
12	나는	기차로			갈 거예요.
13	당신은	저녁식사로		무엇을	먹을 거예요(먹을 거예요)?
14	나는			스테이크와 커피를	먹을(들) 것입니다.
15	당신은			무엇을	마실 것입니까(마실 거예요)?
16	나는			오렌지주스를	마실 거예요.
17	당신은	나에게	언제		전화를 할 거예요?
18	당신은	몇 시에	여기에		올 거예요?
19	나는	7시경에			올 것입니다(올 거예요).
20	누가				올 거예요?

✦ 3형식/2형식 연습 [주어+동사(미래시재)+목적어(명사/대명사/부정사)]

연번	의문사 ① 누가 ② 누구를 [S][O][M]	조동사 [aV]	주어 (~은, 는, ~이, 가) ① 명사 ② 대명사 〈주격〉 [S]	(조동사)동사 (~하다) [V]	목적어 (~을, 를) ① 명사 ② 대명사〈목적격〉 ③ 부정사 (to+동사원형) [O]	〈수식어〉 부사(구) ① 장소 ② 방법 ③ 시간 ④ 목적 [M]
1	What	will	you	do		after dinner?
2			I	(will) study	① English.	
3			I	(will) meet	① Chulsoo.	
4	② Who	will	you	meet?	<②>	
5	When	will	you	meet	② him?	
6			I	(will) meet	② him	today.
7	What time	will	you	meet	② her?	
8			I	(will) meet	② her	at about six.
9	Where	will	you	meet	② me?	
10			I	(will) meet	② you	at Seoul Park.
11	How	will	you	go		to Seoul?
12			I	(will) go		by train.
13	What	will	you	eat		④ for dinner?
14			I	(will) have	① steak and coffee.	
15	What	will	you	drink?		
16			I	(will) drink	① orange juice.	
17	When	will	you	call	② me?	
18	What time	will	you	come		here?
19			I	(will) come		at about seven.
20	① Who		<②>	(will) come?		

≡ 해설

❶ 조동사 [will]은 2인칭(you), 3인칭(he, she, it, they) 미래시재에 쓰인다.

≡ 발음

❶ 발음상 [t][d]가 모음(a,e,i,o,u)과 모음 사이에 올 때는 우리말의 혀를 찰싹 때리는 [ㄹ]발음으로 발음되는 경향이 있다.

❷ 액센트 없는 모음(a,e,i,o,u)은 「어」로 발음되면서 앞에 연음되는 경향이 있다.

오늘의 단어

연번	단어	품사	뜻	연번	단어	품사	뜻
1	dinner	명사	만찬, 저녁	14	have	명사	가지다, 먹다, 마시다
6	today	부사	오늘	14	steak	명사	스테이크
10	park	명사	공원	17	call	동사	전화하다
12	train	명사	기차	20	who	대명사	누가 〈주격〉
13	for	전치사	~을 위하여			대명사	누구를 〈목적격〉

연번	주어 (S)	수식어 (M)	목적어 (O)	동사 (V)
1	나는		축구를	(놀이를) 합니다.
2	나는		축구하는 것을	좋아합니다.
3	당신은		축구하는 것을	좋아합니까?
4	〈예〉, 나는		축구하는 것을	좋아합니다.
5		〈예, 그렇습니다.〉		
6	당신은		TV 보는 것을	즐깁니까?
7	아니오, 나는		TV 보는 것을	즐기지 않습니다.
8		〈아니오, 그렇지 않습니다.〉		
9	당신은		야구하는 것을	즐깁니까?
10			너의 숙제를	하라.
11	너는		너의 숙제를 하는 것을	끝마쳤느냐?
12		〈예, 그렇습니다.〉		
13		〈아니오, 그렇지 않습니다.〉		
14		이리로		좀 오세요.
15		집에		가거라.
16		집에		가지 마라.
17			컴퓨터 게임하는 것을	중단해라.
18	당신은	언제	영어공부하는 것을	시작했습니까?
19	당신은	언제	영어공부하는 것을	시작했습니까?

6강

+ 3형식 연습 [주어+동사(현재/과거시재)+목적어(명사/부정사/동명사)]

연번	의문사 [M]	조동사 [aV]	주어 (~은, 는, ~이, 가) ① 명사 ② 대명사 [S]	(조동사) 동사 (~하다) [V]	목적어(~을, 를) ① 명사 ② 대명사 ③ 부정사 ④ 동명사 (동사원형+ing) [O]	〈수식어〉 부사(구) ① 장소 ② 방법 ③ 시간 ④ 목적 [M]
1			I	play	① soccer.	
2			I	like	③ to play soccer.	
3		Do	you	like	③ to play soccer?	
4		[Yes,]	I	like	④ playing soccer?	
5		[Yes,]	I	(do.)		
6		Do	you	enjoy	④ watching TV?	
7		[No,]	I	(don't) enjoy	④ watching TV.	
8		[No,]	I	(don't).		
9		Do	you	enjoy	④ playing baseball?	
10				Do	① your homework.	
11		Did	you	finish	④ doing your homework?	
12		[Yes,]	I	(did.)		
13		[No,]	I	(didn't.)		
14				Come		here, please.
15				Go		home.
16				(Don't) go		home.
17				Stop	④ playing the computer game.	
18	When	did	you	start	④ studying English?	
19	When	did	you	start	③ to study English?	

≡ 해설

❶ 동사는 목적어로서 부정사(to+동사원형)를 취하는 동사가 있고 동명사(동사원형
+ing)를 목적어로 취하는 동사가 있다. [enjoy, finish, stop] 등은 동명사를 목적
어로 취한다. 단, [like, start] 등은 부정사, 동명사 둘 다 목적어로 취한다.

❷ 명령문은 주어(you)를 생략한다. 부정명령은 [Don't]로 시작한다.

❸ [do]는 질문(~까?, 요?) 또는 부정문(~아니다)을 만드는 데 쓰이는 조동사로서의
역할과 본래의 "하다"라는 의미의 본동사로도 사용된다.

오늘의 단어

연번	단어	품사	뜻	연번	단어	품사	뜻
1	play	동사	(~의)놀이를 하다	11	did	조동사	do(조동사)의 과거
1	soccer	명사	축구	11	finish	동사	마치다
4	yes	부사	예, 그렇다	11	do	동사	하다(본동사)
6	enjoy	동사	즐기다	11	homework	명사	숙제
7	no	부사	아니다	14	please	부사	미안하지만
9	baseball	명사	야구	17	computer	명사	컴퓨터
10	your	형용사	당신(너)의	17	game	명사	놀이
	my	형용사	나의 〈소유격〉	18	start	동사	시작(출발)하다

연번	주어 (S)	수식어 (M)		목적어 (O)		동사 (V)
1	당신은	지난 주말에		무엇을		했습니까?
2	나는			피아노를		쳤습니다.
3	당신은	어제		무엇을	하기를	원했습니까?
4	나는			음악을	듣기를	원했습니다.
5	나는			TV를		보았습니다.
6	나는	어젯밤에		당신을	보기를	원했습니다.
7	무슨 일이	어제	당신에게			일어났습니까?
8	나는			나의 여권을		분실했습니다.
9	당신은	어디에서		그것을		분실했습니까?
10	나는	지하철에서		그것을		분실했습니다.
11	당신은	지난 월요일에		누구를		만났습니까?
12	나는			린다를		만났습니다.
13	당신은	왜	여기에			왔습니까?
14	나는	Mr. Lee를 보기 위해서				왔습니다.
15	당신은	왜 / 어제	학교에			오지 않았습니까?
16	당신은	지난 화요일에	어디에			갔었습니까?
17	나는	서울에				갔었습니다.
18	당신은	아침식사로		무엇을		먹었습니까?
19	나는			빵과 커피를		들었습니다.
20	누가	어제	학교에			오지 않았습니까?

✦ 3형식 연습 [주어+동사(과거시재)+목적어(명사/대명사/부정사)]

연번	의문사 [S] [O] [M]	조동사 [aV]	주어 ① 명사 ② 대명사 〈주격〉 [S]	(조동사)동사 [V]	목적어(~을, 를) ① 명사 ② 대명사〈목적격〉 ③ 부정사 [O]	〈수식어〉 부사(구) ① 장소 ② 방법 ③ 시간 ④ 목적(~위해서) [M]
1	What	did	you	do		last weekend?
2			I	play**ed**	① the piano.	
3	What	did	you	want	③ to do	yesterday?
4			I	want**ed**	③ to listen to music.	
5			I	watch**ed**	① TV.	
6			I	want**ed**	③ to see you	last night.
7	What		<②>	happen**ed**		to you yesterday?
8			I	lost	① my passport.	
9	Where	did	you	lose	② it?	
10			I	lost	② it	in the subway.
11	Who	did	you	meet		last Monday?
12			I	met	① Linda.	
13	Why	did	you	come		here?
14			I	came		④ to see Mr. Lee.
15	Why	didn't	you	come		to school yesterday?
16	Where	did	you	go		last Tuesday?
17			I	went		to Seoul.
18	What	did	you	have		for breakfast?
19			I	had	① bread and coffee.	
20	Who		<②>	(didn't) come		to school yesterday?

≡ 해설

❶ 과거시재에서 질문은 [did]를 쓴다. 부정하는 내용의 과거시재의 답은 [didn't]이다.

❷ 과거시재를 만드는 방법

   ① 동사원형 어미에 [ed]를 붙인다.

   ② [e]로 끝나는 동사는 [d]를 붙인다.

   ③ 동사가 전혀 다른 형태로 바뀌는 것(불규칙 변화)

❸ 부사(구)에서 목적(~위해서) 표현방법

   ① for+명사/대명사<목적격>(~위해서)

   ② to+동사원형(~하기 위해서)

❹ 목적어(~을, ~를)와 목적(~위해서)을 혼동하지 말아야 한다.

오늘의 단어

연번	단어	품사	뜻	연번	단어	품사	뜻
1	last	형용사	지난	12	met	동사	meet(만나다)의 **p**
3	listen (to)	동사	듣다	14	came	동사	come(오다)의 **p**
3	music	명사	음악	15	bus	명사	버스
6	see	동사	보다	16	Tuesday	명사	화요일
6	night	명사	밤	17	went	동사	go(가다)의 **p**
7	what	대명사	무엇이〈주격〉	18	breakfast	명사	아침
7	happen	동사	일어나다	19	bread	명사	빵
9	lost	동사	lose(잃다)의 **p**	19	had	동사	have(먹다, 마시다)의 **p**
11	Monday	명사	월요일	19	coffee	명사	커피

참고 **p** : past(과거)

연번	주어(S)	수식어 (M)	목적어 (O)	동사 (V)
1	나는		무엇을 해야 할지를	모르겠어요.
2	나는		무엇을 사야 할지를	모르겠어요.
3	나는		무엇을 공부해야 할지를	모르겠어요.
4	나는		무엇을 먹어야 할지를	모르겠어요.
5	나는		무엇을 마셔야 할지를	모르겠어요.
6	나는	그 시험에 합격하기 위해서	무슨 책을 읽어야 할지를	모르겠어요.
7	나는		몇 시에 출발해야 할지를	모르겠어요.
8	나는		누구를 만나야 할지를	모르겠어요.
9	나는		언제 집에 가야 할지를	모르겠어요.
10	당신은		언제 출발해야 할지를	아세요?
11	나는		어디에 가야 할지를	모르겠어요.
12	당신은		어디에서 만나야 할지를	아세요?
13	당신은	서울에 가기 위해서	어디에서 버스를 타야 하는지를	아세요?
14	당신은	서울역에 가기 위해서	어디에서 내려야 하는지를	아세요?
15	당신은	남대문에 가기 위해서	어디에서 지하철을 갈아타야 하는지를	아세요?
16	나는		어떻게 수영하는지를	모릅니다.
17	나는		컴퓨터를 어떻게 사용하는지 배우기를	원합니다.
18	당신은		서울역에 어떻게 가는지를	아세요?
19	나는		거기에 가야 할지 말아야 할지를	모르겠어요.
20	나는		그를 만나야 할지 말아야 할지를	모르겠어요.

8강

✦ 3형식 연습 [주어+동사(현재시재)+목적어(부정사/명사구)]

연번	조동사 [aV]	주어 [S]	(조동사)동사 [V]	목적어 ① 명사 ② 대명사 ③ 부정사 ④ 동명사 ⑤ 명사구 [의문사+부정사] ~할지를, ~해야 할지를 [whether+부정사]~인지를 [O]	〈수식어〉 부사(구) ① 장소 ② 방법 ③ 시간 ④ 목적(~위해서) [M]
1		I	(don't) know	⑤ what to do.	
2		I	(don't) know	⑤ what to buy.	
3		I	(don't) know	⑤ what to study.	
4		I	(don't) know	⑤ what to eat.	
5		I	(don't) know	⑤ what to drink.	
6		I	(don't) know	⑤ what book to read	④ to pass the test.
7		I	(don't) know	⑤ what time to start.	
8		I	(don't) know	⑤ who to meet.	
9		I	(don't) know	⑤ when to go	① home.
10	Do	you	know	⑤ when to start?	
11		I	(don't) know	⑤ where to go.	
12	Do	you	know	⑤ where to meet?	
13	Do	you	know	⑤ where to take the bus	④ to go to Seoul?
14	Do	you	know	⑤ where to get off	④ to get to Seoul Station?
15	Do	you	know	⑤ where to transfer the subway	④ to go to Namdaemoon?
16		I	(don't) know	⑤ how to swim.	
17		I	want	③ to learn ⑤ how to use a computer.	
18	Do	you	know	⑤ how to get	① to Seoul Station?
19		I	(don't) know	⑤ whether to go there or not.	
20		I	(don't) know	⑤ whether to meet him or not.	

❶ <명사구>란 두 개 이상의 단어가 모여서 마치 명사처럼 주어, 목적어, 보어로서의 역할을 하는 것을 말한다.

❷ 부정사는 지금까지 배운 용법 이외에도 ① 의무(~해야 한다) ② 예정(~할 예정이다)의 용법이 있다.

❸ 부사(구) 유의사항

① [to+동사원형]: 「(~을, 를)」<목적어>와 「~을 위해서」<목적>을 혼동하지 말아야 한다. 목적어는 타동사(목적어를 필요로 하는 동사) 다음에 온다.

② [to +명사]: ~에(로) <장소>

오늘의 단어

연번	단어	품사	뜻	연번	단어	품사	뜻
6	read	동사	읽다	15	transfer	동사	(탈 것을) 갈아타다
6	book	명사	책	16	swim	동사	수영하다
6	pass	동사	합격하다, 통과하다	17	learn	동사	배우다
6	test	명사	시험	17	use	동사	사용하다
13	take	동사	(탈 것에) 타다	19	whether	접속사	~인지
14	get (off)	동사	하차하다, 내리다	19	or	접속사	혹은, 또는
14	get (to)	동사	(~에) 도착하다				

연번	주어 (S)	수식어 (M)	목적어 (O)	동사 (V)
1	당신은		영어를	말할 수 있습니까?
2		〈예, 그렇습니다.〉		
3		〈아니오, 그렇지 않습니다.〉		
4		〈아니오, 그렇지 않습니다.〉		
5	내가		당신을	도와줄 수 있어요?
6		〈예, 감사합니다〉		
7	내가	어디에서	나의 손을	씻을 수 있어요?
8	당신은	언제 여기에		도착할 수 있어요?
9	나는	약 5분 지나서		도착할 수 있어요.
10	내가	남산타워에 어떻게		갈 수 있죠?
11	내가		당신을	도와드려도 좋습니까?
12		〈예, 감사합니다.〉		
13	내가	철수와		말을 해도 좋습니까?
14		잠깐만 좀		기다려 주세요.
15	내가	안에		들어가도 좋습니까?
16	내가	지금 집에		가도 좋습니까?
17	당신은	열심히	영어를	공부해야 합니다.
18	내가		무엇을	해야 하죠?
19	당신은	집에 / 일찍		와야 합니다.
20	당신은		전하실 말씀을	남기시겠어요?

✦ 3형식/조동사 연습 [주어+동사+목적어(명사/대명사)]

연번	의문사	조동사 〈가능〉 〈허락〉 〈의무〉 〈정중〉	주어 ① 명사 ② 대명사	(조동사) 동사	목적어 ① 명사 ② 대명사 ③ 부정사 ④ 동명사 ⑤ 명사구	〈수식어〉 부사(구) ① 장소 ② 방법 ③ 시간 ④ 목적 ⑤ 정도
	[O] [M]	[aV]	[S]	[v]	[O]	[M]
1		Can	you	speak	① English?	
2		[Yes,]	I	(can.)		
3		[No,]	I	(can not.)		
4		[No,]	I	(can't.)		
5		Can	I	help	② you?	
6		[Yes,]		thank	② you.	
7	Where	can	I	wash	① my hands?	
8	When	can	you	arrive		here?
9			I	(can) arrive		in about five minutes.
10	How	can	I	get		to Namsan Tower?
11		May	I	help	② you?	
12		[Yes,]		thank	② you.	
13		May	I	speak		to Chulsoo?
14						Just a moment, please.
15		May	I	come		in?
16		May	I	go		home now?
17			You	(should) study	① English	⑤ hard.
18	What	should	I	do?		
19			You	(should) come		① home ⑤ early.
20		Would	you	leave	① a message?	

51

❶ 조동사 활용방법

일반적으로 질문할 때는 [do]로 시작하지만 별도의 뜻을 갖고 있는 경우에는 [do]

를 쓰지 않고 다음의 별도의 독립된 조동사를 써야 한다.

① can: ~할 수 있다.

② may: ~해도 좋다.

③ should: ~해야 한다.

④ would: ~하기를 원한다. 〈정중한 표현〉

❷ 부사(구) 활용방법

부사(구)가 여러 개 있을 경우에 사용 순서는 ① 장소 ② 방법 ③ 시간의 순서로

한다.

❸ [in]+시간: ~만에, 지나서 〈*9〉

❹ [hard]의 용법 〈*17〉

① 힘든, 단단한(형용사)

② 열심히(부사)

오늘의 단어

연번	단어	품사	뜻	연번	단어	품사	뜻
1	can	조동사	~할 수 있다	14	just	부사	좀, 조금
2	thank	동사	~에게 감사하다	14	a	관사	하나(의)
7	wash	동사	씻다	14	moment	명사	순간, 찰나
7	hand	명사	손	15	in	부사	안으로
9	in	전치사	지나서, ~만에	16	now	부사	지금
9	five	명사	5, 다섯	17	should	조동사	~해야 한다
9	minute	명사	분	17	hard	부사	열심히
10	tower	명사	탑	19	early	부사	일찍이
11	may	조동사	~해도 좋다	20	leave	동사	남기다
13	speak	동사	말하다, 말을 걸다	20	message	명사	전하는 말

연번	주어 (S)	수식어 (M)		동사 (V)
1	나는	집에		있습니다.
2	내가	어디에		있어요?
3	당신은	학교에		있어요.
4	당신은	어디에		있어요?
5	나의 아버지는	직장에		있어요.
6	그는	어디에		있어요?
7	당신의 어머니는	식당에		있어요.
8	그녀는	어디에		있어요?
9	코리아은행은	2층에		있어요.
10	그것은	어디에		있어요?
11	우리는	종로에		있어요.
12	우리가	어디에		있는 거죠?
13	그들은	사무실에		있어요.
14	그들은	어디에		있어요?
15	나는	미국에		있었어요.
16	당신은	작년에	어디에	있었어요?
17	그는	가게에		있었어요.
18	그는	지난 금요일에	어디에	갔었어요?
19	그녀는	시장에		있었어요(갔었어요).
20	그녀는	그제	어디에	있었어요(갔었어요)?
21	그들은	러시아에		있었어요.
22	그들은	전에	어디에	있었어요?

10강

✦ 1형식 연습 [주어+Be동사(완전자동사)+<수식어>]

연번	의문사 [M]	(조동사) Be동사 [V]	주어 ① 명사 ② 대명사 [S]	Be동사 (~있다) [V]	<수식어> 부사(구) ① 장소 ② 방법 ③ 시간 [M]
1			I	am	at home.
2	Where	am	I?		
3			You	are	at school.
4	Where	are	you?		
5			My father	is	at work.
6	Where	is	he?		
7			Your mother	is	at the restaurant.
8	Where	is	she?		
9			The Korea Bank	is	on the second floor.
10	Where	is	it?		
11			We	are	on Jongno Street.
12	Where	are	we?		
13			They	are	in the office.
14	Where	are	they?		
15			I	was	in the United States.
16	Where	were	you		last year?
17			He	was	at the shop.
18	Where	was	he		last Friday?
19			She	was	at the market.
20	Where	was	she		the day before yesterday?
21			They	were	in Russia.
22	Where	were	they		before?

✧ Be동사

	단수			복수		
	인칭별	현재	과거	인칭별	현재	과거
1인칭	I (나는)	am	was	we(우리들은)	are	were
2인칭	you (당신은)	are	were	you(당신들은)	are	were
3인칭	he (그는) she (그녀는) it (그것은)	is is is	was was was	they(그들은)	are	were

✧ 자동사와 타동사

❶ 동사는 자동사와 타동사가 있다.

    〈1〉 자동사: 목적어를 필요로 하지 않는 동사

        ① 완전자동사: 목적어 및 보어가 필요 없는 동사

            예) come, go, live, work, be 동사 (~있다)

        ② 불완전자동사: 목적어는 필요 없으나 보어가 필요한 동사

            예) be동사(~이다), feel, look,

    〈2〉 타동사: 목적어를 필요로 하는 동사

오늘의 단어

연번	단어	품사	뜻	연번	단어	품사	뜻
1	am	동사	있다, ~이다(1인칭)	11	street	명사	거리, 가로
3	are	동사	있다, ~이다(2인칭)	12	we	대명사	우리들은
3	father	명사	아버지	13	they	대명사	그들은
3	is	동사	있다, ~이다(3인칭)	13	in	전치사	~안에
3	work	명사	직장, 회사, 일	13	office	명사	사무실(소)
		동사	일하다	15	United States	명사	미국
7	mother	명사	어머니	15	was	동사	am, is의 과거형
7	restaurant	명사	식당	16	year	명사	년, 해
9	bank	명사	은행	16	were	동사	are의 과거형
9	the	관사	그	17	shop	명사	가게
9	second	형용사	제2의	18	Friday	명사	금요일
9	floor	명사	층, 마루	20	the day before	부사	그제
10	it	대명사	그것은, 그것을		yesterday		
10	on	전치사	(거리 앞) ~에	21	Russia	명사	러시아

연번	주어 (S)	수식어 (M)		동사 (V)
1	당신은	어디에서		왔습니까(출신입니까)?
2	나는	한국에서		왔습니다(출신입니다).
3	그는	어디에서		왔습니까?
4	그는	인천에서		왔습니다.
5	열쇠는	어디에		있습니까?
6	그것은	여기에		있습니다.
7		여기에		있습니다.
8	당신은	왜	여기에	있습니까(왔습니까)?
9	나는	철수를 보기 위해서	여기에	와 있습니다.
10	나는	곧	거기에	있을 것입니다(갈 것입니다).
11	당신은	언제	여기에	올 거예요?
12	당신은	이번 주말에	어디에	있을 거예요?
13	나는	집에		있을 거예요.
14	나는	학교에		있지 않을 것입니다.
15	당신은	누구와 함께		있습니까?
16	나는	철수와 함께		있습니다.
17	나는	그와 함께		있습니다.
18	나는	그녀와 함께		있습니다.
19	나는	그들과 함께		있을 것입니다.
20	그는	나와 함께		있지 않을 것입니다.
21	당신은	누구와 함께		있을 것입니까?
22	나는	당신과 함께		있을 것입니다.

11강

✦ 1형식 연습 [주어+Be동사(완전자동사)+<수식어>]

연번	의문사 [M] [O]	(조동사) Be동사 [aV] [V]	주어 ① 명사 ② 대명사 [S]	(조동사) Be동사 (~있다) [V]	<수식어> 부사(구) ① 장소 ② 방법 ③ 시간 ④ 목적 [M]
1	Where	are	you		from?
2			I	am	from Korea.
3	Where	is	he		from?
4			He	is	from Inchon.
5	Where	is	the key?		
6		[Here]	it	is.	
7		[Here]	you	are.	
8	Why	are	you		here?
9			I	am	here ④ to see Chulsoo.
10			I	(will) be	there soon.
11	When	(will)	you	be	here?
12	Where	(will)	you	be	this weekend?
13			I	(will) be	at home.
14			I	(won't) be	at school.
15	Who	are	you		with?
16			I	am	with Chulsoo.
17			I	am	with him.
18			I	am not	with her.
19			I	(will) be	with them.
20			He	(won't) be	with me.
21	Who	(will)	you	be	with?
22			I	(will) be	with you.

❶ 조동사 다음에는 본동사가 온다. 〈*10~13, *19~22〉

❷ [am], [are], [is] 등의 본동사는 be이다.

❸ 전치사 다음에 대명사를 쓸 때에는 목적격을 쓴다.〈*17~22〉

오늘의 단어

연번	단어	품사	뜻	연번	단어	품사	뜻
1	from	전치사	~로부터	17	him	대명사	he의 목적격
5	key	명사	열쇠	18	her	대명사	she의 목적격
10	soon	부사	곧	19	them	대명사	they의 목적격
14	won't	조동사	will not의 축약형	20	me	대명사	I의 목적격
15	with	접속사	~와 함께				

연번	주어 (S)	수식어 (M)	보어 (C+V)
1	나는		학생입니다.
2	당신의 직업은		무엇입니까?
3	그의 직업은		무엇입니까?
4	그는		선생입니다.
5	당신의 이름은		무엇입니까?
6	나의 이름은		이철수입니다.
7	나의 성은		Lee입니다.
8	당신의 성은		무엇입니까?
9	나의 성은		Lee입니다.
10	그녀는		누구입니까?
11	그녀는		나의 어머니입니다.
12	당신은		외국인입니까?
13		〈아니오, 그렇지 않습니다.〉	
14	나는		한국인입니다.
15	당신은		미국인입니까?
16		〈예, 그렇습니다.〉	
17	당신은		일본인 혹은 중국인입니까?
18	나는		중국인입니다.
19	나는		과학자가 될 것입니다.
20	당신은		교수가 될 거예요?
21	나는		사업가가 안 될 것입니다.

12강

✦ 2형식 연습 [주어+Be동사(불완전자동사)+보어(명사/대명사)]

연번	의문사 [C]	Be동사 (조동사) [aV] [V]	주어 ① 명사 ② 대명사 [S]	Be동사 (조동사) (~이다) [V]	보어 ① 명사 ② 대명사 [C]
1			I	am	① a student.
2	What	is	① your job?		<②>
3	What	is	① his job?		<②>
4			② He	is	① a teacher.
5	What	's	① your name?		<②>
6			① My name	is	① Lee Chulsoo.
7			① My last name	is	① Lee.
8	What	's	① your family name?		
9			① My family name	is	① Lee.
10	Who	is	② she?		
11			② She	is	① my mother.
12		Are	you		① a foreigner?
13		[No,]	I	am not.	
14			I	am	① Korean.
15		Are	you		① American?
16		[Yes,]	I	am.	
17		Are	you		① Japanese or Chinese?
18			I	am	① Chinese.
19			I	(will) be	① a scientist.
20		(Will)	you	be	① a professor?
21			I	(won't) be	① a businessman.

≡ 해설

❶ 한국어를 영어로 바꿀 때 일반 동사와 be동사를 구분해서 사용하는 방법은?

의문문을 만들면서 조동사 [do]를 써야 할지,
[be]동사를 써야 할지 초보자들이 혼동하는 경우가 많다.

① 우리말의 맨 끝에 나오는 말이 「 ~합니까?」로 끝나면서 일반 동사를 포함할 때는 일반 동
 사 및 조동사(do 등)를 사용한다.
② 우리말의 맨 끝에 나오는 말이 「~입니까」로 끝나면서 명사나 형용사(또는 형용사적 표현)
 를 포함하고 있으면 「be」 동사를 사용하면 된다.

오늘의 단어

연번	단어	품사	뜻	연번	단어	품사	뜻
2	job	명사	직업	17	Japanese	명사	일본인
5	teacher	명사	선생	17	Chinese	명사	중국인
5	name	명사	이름	19	scientist	명사	과학자
8	family	명사	가족	20	professor	명사	교수
10	mother	명사	어머니	21	businessman	명사	사업가
12	foreigner	명사	외국인	22	doctor	명사	의사
14	Korean	명사	한국인	23	diplomat	명사	외교관
15	American	명사	미국인	24	company employee	명사	회사원

연번	주어 (S)	수식어 (M)	보어 (C+V)
1	나는		행복합니다.
2	당신은		행복합니까?
3	나는		피곤합니다.
4	당신은		피곤합니까?
5	당신은		바쁩니까?
6		〈예, 그렇습니다.〉	
7		〈아니오, 그렇지 않습니다.〉	
8	나는	어제	바빴습니다.
9	당신은	언제	한가할까요?
10	나는	이번 토요일에	한가할 거예요.
11	당신은	몇 시에	한가할까요?
12	나는	오후 2시경에	한가할 거예요.
13	당신은	어젯밤에	바빴습니까?
14		〈아니오, 그렇지 않았습니다.〉	
15	그녀는		(얼굴이)잘생겼습니다.
16	그는		(얼굴이)잘생겼습니다.
17	당신은		배고픕니까?
18	나는		목이 마릅니다.
19	영어는		재미있습니다.
20	당신은	영어에	흥미가 있습니까?
21		〈예, 나는~〉	영어에 흥미가 있습니다.
22	그것은		맞습니다.
23	그것은		틀린 것입니다.
24	그는		친절합니다.
25			행복하세요.

13강

✦ 2형식 연습 [주어+Be동사(불완전자동사)+보어(형용사)]

연번	의문사 [M]	Be동사 (조동사) [aV] [V]	주어 ① 명사 ② 대명사 [S]	Be동사 (조동사) [aV] [V]	보어 ③ 형용사 [C]	〈수식어〉 부사(구) ① 장소 ② 방법 ③ 시간 [M]
1			I	am	happy.	
2		Are	you		happy?	
3			I	am	tired.	
4		Are	you		tired?	
5		Are	you		busy?	
6		[Yes,]	I	am.		
7		[No,]	I	am not.		
8			I	was	busy	yesterday.
9	When	(will)	you	be	free?	
10			I	(will) be	free	this Saturday.
11	What time	(will)	you	be	free?	
12			I	(will) be	free	at about two o'clock.
						in the afternoon.
13		Were	you		busy	last night?
14		[No,]	I	wasn't.		
15			She	is	good-looking.	
16			He	is	handsome.	
17		Are	you		hungry?	
18			I	am	thirsty.	
19			English	is	interesting.	
20		Are	you		interested	in English?
21		[Yes,]	I	am	interested	in English.
22			That	's	right.	
23			That	's	wrong.	
24			He	is	friendly.	
25				Be	happy.	

❶ interesting(재미있는)〈*19〉, interested(흥미가 있는)〈*20〉 구분 사용방법은?

위의 형용사는 둘 다 보어가 될 수 있으나

① 주어가 사물인 경우에는 현재분사형(-ing형) 형용사를,

② 주어가 사람인 경우에는 어미가 과거분사형(-ed) 형용사를 사용한다.

❷ 형용사를 명령형의 문장으로 만드는 방법은?

① 형용사 앞에 [Be]를 붙이면 된다.

② 명령형은 주어가 생략되면서 문두에 동사가 나와야 하는데 형용사 앞에 있는 Be동사를 쓰면 된다.

例 Be happy(행복한): 행복하세요 〈*25〉 Be quiet(조용한): 조용해라.

오늘의 단어

연번	단어	품사	뜻	연번	단어	품사	뜻
1	happy	형용사	행복한	17	hungry	형용사	배고픈
3	tired	형용사	피곤한	18	thirsty	형용사	목마른
5	busy	형용사	바쁜	19	English	명사	영어
9	free	형용사	한가한	19	interesting	형용사	재미있는
12	about	부사	약	20	interested	형용사	흥미가 있는
12	afternoon	명사	오후	22	right	형용사	옳은
15	good-looking	형용사	(얼굴이) 잘 생긴	23	wrong	형용사	틀린, 잘못된
16	handsome	형용사	(얼굴이) 잘 생긴	24	friendly	형용사	친절한, 상냥한

연번	주어 (S)	수식어 (M)	보어 (C+V)
1	나는		부자가 아닙니다.
2			부자되세요.
3	나는		가난합니다.
4	나는		12살입니다.
5	당신은		몇 살입니까?
6	그녀는		결혼했습니다.
7	그녀는		몇 살입니까?
8	당신은		어떻습니까?
9	나는		좋습니다.
10	당신의 아버지는		어떻습니까?
11	그분	역시	잘 있습니다.
12	당신의 어머니는		어떠세요?
13	그녀는(그 분은)		아픕니다.
14	나는	당신을 만나니	기쁩니다.
15	나는	그것을 들으니	유감스럽습니다.
16	내가	늦어서	미안합니다.
17	나는	그것을 듣고서	놀랐습니다.
18	가격이		얼마입니까?
19			100달러입니다.
20	(가격이)		비싸지 않습니다.
21	(가격이)		쌉니다.
22	그는		잘생긴 소년입니다.
23	그녀는		잘생긴 소녀입니다.
24	그들은		좋은 사람들입니다.

14강

✦ 2형식 연습 [주어+Be동사(불완전자동사)+보어(형용사)]

연번	의문사 [C]	Be 동사 [V]	주어 ① 명사 ② 대명사 [S]	Be동사 [V]	보어 ③ 형용사 +(명사) [C]	〈수식어〉 ① 장소 ② 방법 ③ 시간 ④ 목적 ⑤ 원인(~하니)[M]
1			I	am not	rich.	
2				Be	rich.	
3			I	am	poor.	
4			I	am	12 years old.	
5	How old	are	you?			
6			She	is	married.	
7	How old	is	she?			
8	How	are	you?			
9			I	am	fine.	
10	How	is	your father?			
11			He	is	fine.	too.
12	What about		your mother?			
13			She	is	sick.	
14			I	am	pleased	⑤ to meet you.
15			I	am	sorry	⑤ to hear that.
16			I	am	sorry	⑤ to be late.
17			I	was	surprised	⑤ to hear it.
18	How much	is	it?			
19			It	is	100 dollars.	
20			It	is not	expensive.	
21			It	is	cheap.	
22			He	is	a handsome (boy).	
23			She	is	a good-looking (girl).	
24			They	are	good (people).	

❶ 형용사인지 여부를 구분하는 방법은?

우리말로 받침을 「ㄴ」으로 바꿀 수 있는 것은 형용사이다.

❷ 감정을 나타내는 형용사(pleased, sorry, surprised 등) 다음에 오는 부정사는 원인(~하니, ~하고서)을 나타낸다. 〈*15~17〉

❸ 형용사를 동사화하고자 할 경우에는 형용사 앞에 [be]를 붙이면 된다. 〈*16〉

부정사는 [to+동사원형]이다. 형용사를 문장으로 쓰고자 할 경우에는 형용사 앞에 be동사를 써야 한다. be동사의 동사원형은 [be]이기 때문이다.

❹ [부사, 형용사, 명사]의 어순 및 수식관계

① How much 〈*18〉   ② handsome boy 〈*22~23〉   ③ good people 〈*24〉

  (얼마나) (많이)   (잘 생긴) (소년)   (좋은) (사람들)

  〈부사〉+〈부사〉   〈형용사〉+ 〈명사〉   〈형용사〉+〈명사〉

오늘의 단어

연번	단어	품사	뜻	연번	단어	품사	뜻
1	rich	형용사	부유한	19	how	부사	얼마나
4	poor	형용사	가난한	19	much	형용사	많은
5	old	형용사	늙은, 나이 먹은			부사	많이
7	married	형용사	결혼한	20	it	대명사	그것은
10	fine	형용사	좋은, 훌륭한	20	dollar	명사	달러(미국화폐)
12	too	부사	역시, 또한	21	expensive	형용사	(가격) 비싼
14	sick	형용사	아픈	22	cheap	형용사	(가격) 싼
15	pleased	형용사	기쁜	23	handsome	형용사	잘 생긴
16	sorry	형용사	미안한, 유감스러운	23	boy	명사	소년
16	hear	동사	듣다	24	good-looking	형용사	잘 생긴
17	late	형용사	늦은	24	girl	명사	소녀
18	surprised	형용사	놀란	25	people	명사	사람들

연번	주어 (S)	수식어 (M)	보어 (C)	동사 (V)
1	나는		기술자가	될 것입니다.
2	당신은	미래에	무엇이	될 것입니까?
3	당신은		영어선생	처럼 보입니다.
4	그는		목사처럼	보입니다.
5	그것은		좋은 생각	인 것 같습니다.
6	그녀는		행복하게	보입니다.
7	당신은		매우 피곤하게	보입니다.
8	당신은		창백하게	보입니다.
9	당신은		걱정이 있어	보입니다.
10	그는		건강하게	보입니다.
11	당신은		매우 아파	보입니다.
12	그것은		매우 좋은 것	같습니다.
13	그것은		너무 비싼 것	같습니다.
14	그것은		좋게	생각됩니다.
15	당신은		건강이	좋습니까?
16	〈아니오, 나는〉		기분이	좋지 않습니다.
	주어 [S]	수식어 [M]	목적어 [O]	동사 [V]
17	당신은	미래에	무엇이 되기를	원해요?
18	나는		의사가 되기를	원합니다.
19	당신은	왜	외교관이 되기를(되고)	싶지 않으세요?
20	나는		가난하기를(가난하고)	원하지(싫지) 않아요.
21	나는		부자가 되기를(되고)	원해요(싶어요).
22	나는		행복하기를(하고)	원해요(싶어요).
23	당신은	과거에	무엇이 되기를(되고)	원했어요(싶었어요)?
24	나는		사업가가 되기를(되고)	원했어요.

✦ 2형식 연습 [주어+일반동사(불완전자동사)+보어(형용사)]

연번	의문사 [C]	조동사 [aV]	주어 [S]	(조동사) 동사 [aV] [V]	보어 ① 명사 ② 대명사 ③ (부사)+형용사 [C]	수식어 〈부사구〉 [M]
1			I	(will) become	① an engineer.	
2	What	will	you	become?	<②>	in the future?
3			You	look	[like] ① an English teacher.	
4			He	look(s)	[like] ① a pastor.	
5			That	sound(s)	[like] ① a good idea.	
6			She	look(s)	③ happy.	
7			You	look	③ (very) tired.	
8			You	look	③ pale.	
9			You	look	③ worried.	
10			He	look(s)	③ healthy.	
11			You	look	③ (very) sick.	
12			It	seem(s)	③ (very) good.	
13			It	seem(s)	③ (too) expensive.	
14			It	sound(s)	③ all right.	
15		Do	you	feel	③ well?	
16			[No, I don't] feel		③ well.	

✦ 3형식 연습 [주어+일반동사(완전타동사)+목적어(부정사)]

연번	의문사 [O] [M]	조동사 [aV]	주어 [S]	(조동사)동사 [V]	목적어(부정사) [O]	수식어 [M]
17	What	do	you	want	to become	in the future?
18			I	want	to become a doctor.	
19	Why	don't	you	want	to become a diplomat?	
20			I	(don't) want	to be poor.	
21			I	want	to be rich.	
22			I	want	to be happy.	
23	What	did	you	want	to be	in the past?
24			I	wanted	to be a businessman.	

≡ 해설

❶ 「불완전자동사」란 보어가 필요한 동사를 말한다. 즉, 보어기 없으면 의사전달이 완전하지 못하게 되는 것이다. 목적어는 물론 필요하지 않다.

❷ [부사+형용사]의 어순 및 수식관계

very	sick ⟨*11~12⟩	too	expensive ⟨*13⟩
(매우)	(아픈)	(너무)	(비싼)
⟨부사⟩ + ⟨형용사⟩		⟨부사⟩ + ⟨형용사⟩	

≡ 발음

장모음 및 이중모음 다음에 [l]이 오는 경우에는 [l] 앞에 「어」 첨가현상이 있다.
pale, feel ⟨*8, 15⟩

오늘의 단어

연번	단어	품사	뜻	연번	단어	품사	뜻
1	become	동사	~되다	9	sound	동사	~하게 생각되다
2	engineer	명사	기술자	11	very	부사	매우
3	future	명사	미래	12	pale	형용사	창백한
4	past	명사	과거	13	worried	형용사	걱정스러운, 근심스러운
5	police	명사	경찰	14	healthy	형용사	건강한
6	officer	명사	관리, 공무원	16	seem	동사	(~인 것) 같다.
7	look	동사	보이다, 보다	17	too	부사	너무
8	like	전치사	~처럼,~ 같이	18	all right	형용사	좋은, 더할 나위 없는
9	good	형용사	좋은, 선량한	19	feel	동사	느끼다
9	idea	명사	생각, 관념	19	well	형용사	(건강이) 좋은
9	sound	명사	소리			부사	잘

연번	주어 (S)	수식어 (M)	목적어 (O)	보어(형동사) (C)
1	나는	사무실에서		일하고 있는 중입니다.
2	당신은		무엇을	하고 있는 중입니까?
3	그는		무엇을	하고 있는 중입니까?
4	그는			TV를 보고 있는 중입니다.
5	그녀는		무엇을	하고 있는 중입니까?
6	그녀는		영어를	공부하고 있는 중입니다.
7	당신의 어머니는		무엇을	하고 있는 중입니까?
8	그녀는			요리를 하고 있는 중입니다.
9	당신의 형은		무엇을	하고 있는 중입니까?
10	그는		피아노를	치고 있는 중입니다.
11	인천행 비행기 123호기가	지금		탑승 중에 있습니다.
12	(전화) 누가?			말하고 있습니까 (누구세요?)
13	나는			Lee입니다.
14	당신은		누구를	기다리고 있는 중입니까?
15	나는		Kim을	기다리고 있는 중입니다.
16	당신은		무엇을	찾고 있는 중입니까?
17	나는	나의 친구를 위하여	선물을	찾고 있는 중입니다.
18	당신은		누구를	찾고 있는 중입니까?
19	나는		Sera를	찾고 있는 중입니다.
20	당신은	그때	무엇을	하고 있는 중이었습니까?
21	나는		숙제를	하고 있는 중이었습니다.
22	당신은	이번 주말에	무엇을 할	예정입니까?
23	나는		나의 친구들을	만날 예정입니다.
24	당신은	저녁으로	무엇을 먹을	예정입니까?
25	나는		스테이크를 먹을	예정입니다.
26	당신은	얼마나 오래	한국에	머무를	예정입니까?
27	나는	일주일 동안		머무를	예정입니다.

✦ 2형식 연습 [주어+Be동사+보어(현재분사)]

연번	의문사 [O][M]	Be 동사 [M]	주어 [S]	Be 동사 [V]	보어 ① 명사 ② 대명사 ③ 형용사 ④ 현재분사(동사원형+ing) 〈~하는 중인〉 [C]	〈수식어〉 부사(구) ① 장소 ② 방법 ③ 시간 ④ 목적 ⑤ 원인 [M]
1			I	am	working	in the office.
2	What	are	you		doing?	
3	What	's	he		doing?	
4			He	is	watching TV.	
5	What	's	she		doing?	
6			She	is	studying English.	
7	What	's	your mother		doing?	
8			She	is	cooking.	
9	What	's	your brother		doing?	
10			He	is	playing the piano.	
11			Flight No.123	is	now boarding.	
			for Inchon			
12	Who	's			calling?	
13			This	is	Lee speaking.	
14	Who	are	you		waiting for?	
15			I	am	waiting for Kim.	
16	What	are	you		looking for?	
17			I	am	looking for a gift	④ for my friend.
18	Who	are	you		looking for?	
19			I	am	looking for Sera.	
20	What	were	you		doing	then?
21			I	was	doing my homework.	
22	What	are	you		going to do	this weekend?
23			I	am	going to meet my friends.	
24	What	are	you		going to eat	④ for supper?
25			I	am	going to have steak.	
26	How long	are	you		going to stay	in Korea?
27			I	am	going to stay	for a week.

❶ 현재진행형: [be동사+현재분사] (~하고 있는 중인)

❷ 과거진행형: [be동사의 과거(was, were)+현재분사] (~하고 있던 중인)

❸ [be going to +동사원형]: ~할 예정인(가까운 미래에 쓰인다.)

❹ 현재분사는 「~ㄴ」으로 끝나기 때문에 형용사적으로 쓰인 것으로 볼 수 있다.

❺ 전치사 [for] 다음에 숫자가 나올 때는 일정한 기간을 의미한다. 〈*27〉

① for+일정한 기간　　예) for a week (일주일 동안)
② during+ 막연한 기간　예) during the vacation (방학 중에)

오늘의 단어

연번	단어	품사	뜻	연번	단어	품사	뜻
8	cook	동사	요리하다	17	gift	명사	선물
11	flight	명사	비행기	17	for	전치사	~을 위하여
11	for	전치사	~을 향하여	22	be going to		~할 예정이다
11	board	동사	탑승하다	24	supper	명사	저녁식사
12	call	동사	전화하다	26	long	부사	오랫동안
14	wait (for)	동사	기다리다			형용사	긴
16	look (for)	동사	찾다	26	stay	동사	머무르다

연번	주어 (S)	수식어 (M2)	수식어 (M1)	목적어 (O)	동사 (V)
1	나는	오늘 오전에	할	어떤 것(게 좀)이	을 갖고 있어요(있어요).
2	당신은	오늘	할	어떤 것(게 좀)	(이) 있나요?
3	나는		읽을	책을(이)	갖고 있습니다(있어요).
4	나는		할	숙제(가)	가 있습니다.
5	나는		할	어떤 것이(게)	없습니다.
6	나는		살	어떤 것이(게)	있습니다.
7	나는		할	것이 아무것도	없습니다.
8	나는		할	것이(게) 많이	있어요.
9	나는		먹을	것이(게) 아무것도	없어요.
10	당신은		먹을	어떤 것(것 좀)	원해요?
11	당신은		먹을	것 좀	원하시는지요?
12	당신은			무엇을	원하세요?
13	당신은			무엇을	원하시는지요?
14	나는			닭고기를	원합니다(정중한 표현).
15	나는			먹기를(먹고)	원합니다(싶습니다).
16	나는			마시기를(마시고)	원합니다(싶습니다).
17	나는			먹을 것 좀	원합니다.
18	당신은	오늘	만날	어떤 사람을(이)	갖고 있나요(있나요)?
19	나는	2시에	만날	(어떤) 사람이	있어요.
20	나는		만날	(어떤) 사람이	없어요.
21	나는		만날	사람이 아무도	없어요.
22	나는		갈	곳이(데가) 좀	있어요.
23	나는		갈	곳이(데가) 아무데도	없어요.
24	나는	오늘	쓸	돈이 좀	필요해요.
25	나는	당신에게	말할	것이(게) 아무것도	없어요.

✦ 3형식+(형용사구) 연습 [(주어+동사(현재시재)+목적어+형용사구(부정사)]

연번	의문사 [O]	조동사 [aV]	주어 [S]	(조동사)동사 [aV] [V]	목적어 ① 명사 ② 대명사 〈목적격〉 [O]	〈수식어〉 형용사구 (부정사) (~할) [M1]	〈수식어〉 부사(구) [M2]
1			I	have	② something	to do	this morning.
2		Do	you	have	② anything	to do	today?
3			I	have	① a book	to read.	
4			I	have	① homework	to do.	
5			I	(don't) have	② anything	to do.	
6			I	have	② something	to buy.	
7			I	have	② nothing	to do.	
8			I	have	② a lot of things	to do.	
9			I	have	② nothing	to eat.	
10		Do	you	want	② something	to eat?	
11		Would	you	like	② something	to eat?	
12	What	do	you	want?			
13	What	would	you	like?			
14			I	(would) like	① chicken.		
15			I	('d) like	② something	to eat.	
16			I	('d) like	② something	to drink.	
17			I	want	② something	to eat.	
18		Do	you	have	② anybody	to meet	today?
19			I	have	② somebody	to meet	at two.
20			I	(don't) have	② anybody	to meet.	
21			I	have	② nobody	to meet.	
22			I	have	② somewhere	to go.	
23			I	have	① nowhere	to go.	
24			I	need	① some money	to spend	today.
25			I	have	② nothing	to say	to you.

≡ 해설

❶ 형용사가 명사를 수식하는 경우에는 명사 앞에서 수식한다.

[형용사]+[명사] 예 good people (좋은 사람들)

❷ 부정대명사는 형용사가 뒤에서 수식한다.

[부정대명사]+[형용사] 예 something special (특별한 어떤 것)

❸ 동사가 명사 또는 대명사를 수식하고자 할 경우에는 명사 또는 대명사 뒤에서 부정
사의 형태로 뒤에서 수식한다(형용사구 또는 부정사의 형용사적 용법이라 한다).

① [명사]+〈부정사〉 예 a book to read (읽을 책)

② [대명사]+〈부정사〉 예 something to do (할 어떤 것)

❹ something은 긍정문에, anything은 의문문, 부정문에 쓰인다.

단, 상대방에게 요청, 권유인 경우에는 something이 의문문에도 쓰인다.

오늘의 단어

연번	단어	품사	뜻	연번	단어	품사	뜻
7	nothing	대명사	아무 것(일)도~아니다	22	somewhere	명사	어떤 장소
8	lot	명사	많음	25	nowhere	명사	~할 곳이 없다
8	a lot of		많은	24	spend	명사	(돈을) 쓰다

연번	주어 (S)	수식어 (M)	목적어 (O)	동사 (V)
1	당신은		시간을(이)	갖고 있어요(있어요)?
2	당신은	지난 주말에	좋은 시간을	가졌나요?
3	예, 나는		좋은 시간을	가졌습니다.
4			좋은 시간을	가지세요(되세요).
5			좋은 날	가지세요(되세요).
6			자리를	좀, 가지세요(앉으세요).
7	당신은		돈 좀	있어요?
8	아니오, 나는		돈이	없는데요.
9	그는		많은 돈을(돈 많아)	가지고 있어요?
10	예,	그렇습니다.		
11	아니오, 그는		돈이	없어요.
12	아니오.	그렇지 않습니다.		
13	그는	은행에	많은 돈을(이)	갖고 있어요(있어요).
14	그는		큰 집을	갖고 있어요?
15	그녀는		자동차를	갖고 있어요?
16	예, 그녀는		자동차가	있어요.
17	예, 그녀는	그렇습니다.		
18	아니오, 그녀는		자동차가	없어요.
19	아니오, 그녀는	그렇지 않습니다.		
20	당신은		직업을(이)	갖고 있어요(있어요)?
21	예, 나는		좋은 직업을	갖고 있어요.
22	나는		모든 것을	갖고 있어요.
23	나는		아무것도	없어요.
24	당신은	당신의 집에	무엇을	갖고 있어요?
25	그는	그의 집에	무엇을	갖고 있어요?

✦ 2형식/3형식 연습 [주어+동사(현재/과거시재)+목적어]

연번	의문사 [Q]	조동사 [aV]	주어 ① 명사 ② 대명사 [S]	(조동사) 동사 [aV] [V]	목적어 ① (형용사)+명사 ② 대명사〈목적격〉 [O]	〈수식어〉 부사(구) ① 장소 ② 방법 ③ 시간 [M]
1		Do	you	have	① time?	
2		Did	you	have	① (a good) time	last weekend?
3		[Yes,]	I	had	① (a good) time.	
4				Have	① (a good) time.	
5				Have	① (a nice) day.	
6			[Please,]	have	① a seat.	
7		Do	you	have	① (any) money?	
8		[No,]	I	(don't) have	① (any) money.	
9		Does	he	have	① (a lot of) money?	
10		[Yes,]	he	(does.)		
11		[No,]	he	(doesn't) have	① (any) money.	
12		[No,]	he	(doesn't.)		
13			He	has	① (a lot of) money	in the bank.
14		Does	he	have	① (a big) house?	
15		Does	she	have	① (a) car?	
16		[Yes,]	she	has	① (a) car.	
17		[Yes,]	she	(does.)		
18		[No,]	she	(doesn't) have	① (a) car.	
19		[No,]	she	(doesn't.)		
20		Do	you	have	① (a) job?	
21		[Yes,]	I	have	① (a) good job.	
22			I	have	② everything.	
23			I	(don't) have	② anything.	
24	What	do	you	have		in your house?
25	What	does	he	have		in his house?

❶ 조동사 [do]는 주어가 3인칭 단수(he, she, it)일 경우에는 [does]를 쓴다.

❷ [have]는 주어가 3인칭 단수인 경우에는 [has]를 쓴다.

　　그러나, 의문문 또는 부정문에서 조동사(does, doesn't)와 함께 쓰일 때는 주어가

　　3인칭 단수일 경우라도 본동사[have]를 쓴다. (조동사 다음에는 본동사를 쓴다.)

❸ 부정형용사(some, any)는 some은 긍정문에, any는 의문문과 부정문에 쓴다.

❹ 관사, 형용사, 명사의 어순

　　　　　a　　　　big　　　　car
　　　　(하나의)　　　(큰)　　　　(차)
　　　　〈관사〉　+　〈형용사〉　+　명사

오늘의 단어

연번	단어	품사	뜻	연번	단어	품사	뜻
5	nice	형용사	좋은, 유쾌한	15	car	명사	자동차
6	seat	명사	자리, 좌석	20	job	명사	직업
9	does	조동사	do (3인칭 단수에 쓰임)	22	everything	대명사	모든 것
10	has	동사	have(3인칭 단수에 쓰임)	24	house	명사	집
14	big	형용사	큰				

연번	주어 (S)	수식어 (M)	목적어 (O)	동사 (V)
1	당신은		누구를	좋아합니까?
2	나는		린다를	좋아합니다.
3	그녀는		당신을	좋아합니까?
4	예, 그녀는		나를	좋아합니다.
5	아니오, 그녀는		나를	좋아하지 않습니다.
6	누가		당신을	좋아합니까?
7	누가		당신을	좋아할까요?
8	그녀는		누구를	필요합니까?
9	그녀는		누구를	원했어요?
10	당신은		누구를	사랑할 거예요?
11	누가		당신을	필요할까요?
12	당신은	생활을 위해서	무엇을	합니까?
13	나는	학교에		갑니다(다닙니다).
14	당신의 아버지는		무엇을	합니까?
15	그는	은행에서		일합니다(근무합니다).
16	당신의 어머니는		무엇을	하세요?
17	그녀는		가게를	운영합니다.
18	당신은	어느 학교에		다니세요?
19	나는	서울초등학교에		다닙니다(다녀요).
20	나의 형은	인천중학교에		다녀요.
21	당신은	어디에서		왔습니까(왔어요)?
22	나는	한국에서		왔습니다(왔어요).
23	당신은	한국 어디에서		왔어요?
24	나는	서울에서(서울)		왔어요(출신이에요).

✦ 2형식/3형식 연습 [주어+동사(현재/과거/미래시재)+목적어(명사/대명사)]

연번	의문사 ① 누가 ② 누구를 [S][O][M]	조동사 [aV]	주어 ① 명사 ② 대명사 〈주격〉 [S]	(조동사) 동사 [V]	목적어 ① 명사 ② 대명사 〈목적격〉 [O]	〈수식어〉 부사(구) ① 장소 ② 방법 ③ 시간 ④ 목적 [M]
1	② Who	do	you	like?		
2			I	like	① Linda	
3		Does	she	like	② you?	
4		[Yes,]	she	likes	② me.	
5		[No,]	she	(doesn't) like	② me.	
6	① Who		<②>	likes	② you?	
7	① Who		<②>	(will) like	② you?	
8	② Who	does	she	need?	.	
9	② Who	did	he	want?		
10	② Who	will	you	love?		
11	① Who		<②>	(will) need	② you?	
12	What	do	you	do		④ for a living?
13			I	go		to school.
14	What	does	your father	do?		
15			He	works		in the bank.
16	What	does	your mother	do?		
17			She	runs	① a shop.	
18	What school	do	you	go		to?
19			I	go		to Seoul Primary. School.
20			My brother	goes		to Inchon Junior. High School.
21	Where	do	you	come		from?
22			I	come		from Korea.
23	What part of Korea	do	you	come		from?
24			I	come		from Seoul.

✧ 문장 속에서 강세와 약세의 기준

내용어 〈강세〉	기능어 〈약세, 빨리, (앞에) 연음〉
① 명사	① 관사(a, an, the⋯)
② 동사	② 전치사(at, about, of⋯)
③ 형용사	③ 접속사(and, or⋯)
④ 부사	④ 조동사(do, will, would⋯) / be동사
⑤ 의문사	⑤ 인칭대명사(I, you, he⋯)
⑥ 지시대명사(this, that)	⑥ 관계대명사(who, which, that⋯)

≡ 연음

❶ 모음과 자음
　① 모음: [a], [e], [i], [o], [u]　② 자음: (기타)

❷ 자음과 모음은 연음(이어서 발음)된다.

❸ 액센트 없는 모음(a,e,i,o,u)은 「어」로 발음 및 앞에 연음되는 경향이 있다.

❹ [d] [t]가 모음(a, e ,i, o, u)과 모음 사이에 오는 경우에는 우리말의 혀를 찰싹 때리는 [ㄹ] 발음으로 발음되는 경향이 있다. 단, 액센트 있는 모음은 그렇지 않다.

❺ 유사한 자음이 중복되어 있는 경우에는 뒤에 오는 자음은 생략되어 들린다.
　① t-t　② d-d　③ d-d　④ s-s　⑤ v(발음)-b　⑥ p-f(발음)

오늘의 단어

연번	단어	품사	뜻	연번	단어	품사	뜻
12	living	명사	생활, 살아가기	19	primary school	명사	초등학교
14	bank	명사	은행	20	junior	형용사	하급의
17	run	동사	운영하다, 달리다	20	junior high school	명사	중학교
17	shop	명사	가게, 상점	23	part	명사	일부, 부분
19	primary	형용사	초등의, 초등교육의,	23	of	전치사	~의

연번	주어 (S)	수식어 (M)	목적어 (O)	동사 (V)
1	나는	린다와	약속을(이)	갖고 있어요(있습니다).
2	당신은	그녀와 / 몇 시에	약속이	있어요?
3	나는	저녁 7시에	약속이	있습니다(있어요).
4	당신은	누구와	약속이	있어요?
5	당신은		무엇을	원하세요?
6	나는		메뉴를	좀, 원합니다.
7	당신은		무엇을	주문하시겠어요?
8	나는		이것을	원합니다.
9	당신은	대개 / 몇 시에		일어납니까?
10	나는	대개 / 아침 6시에		일어납니다.
11	당신은	대개 / 아침식사 하기 전에	무엇을	하세요?
12	나는		손과 얼굴을	씻습니다(세수합니다).
13	당신은	대개 / 아침식사 하고 나서	무엇을	하세요?
14	나는	학교에		갑니다.
15	나는	직장을 향해서		떠납니다(출근합니다).
16	당신은	일주일에 며칠 / 학교에		갑니까?
17	나는	일주일에 5일 / 학교에		갑니다.
18	당신은	대개 / 어떻게 / 학교에		가세요?
19	나는	버스로 지하철로		갈 때도 있고 갈 때도 있어요.
20	당신은	대개 / 수업 후에	무엇을	하세요?
21	나는	대개 / 집에	나의 친구들을	옵니다마는 만날 때도 있습니다.
22		집에 오는데 / 시간이 얼마나		걸리세요?
23		걸어서 / 10분		걸립니다.
24	나는	다시	당신을 / 보기를	희망합니다.

20강

✦ 2형식/3형식 연습 [주어+동사(현재시재)+목적어(명사/대명사/부정사)]

연번	의문사 [O]	조동사 [aV]	주어 [S]	(조동사) **동사** (빈도의 부사) [aV] [V]	**목적어** ① 명사 ②대명사 ③ 부정사 [O]	〈수식어〉 부사(구) ① 장소 ② 방법 ③ 시간 ④ 목적(위하여) [M]
1			I		have	① an appointment	with Linda.
2	What time	do	you	have	① an appointment	with her?
3			I	have	① an appointment	at seven in the evening.
4	Who	do	you	have	① an appointment	with?
5	What	would	you	like?		
6			I	('d) like	① a menu,	please.
7	What	would	you	like	③ to order?	
8			I	('d) like	② this.	
9	What time	do	you	(usually) get up?		
10			I	(usually) get up		at six in the morning.
11	What	do	you	(usually) do		before breakfast?
12			I	wash	① my hands and face.	
13	What	do	you	(usually) do		after breakfast?
14			I	go		to school.
15			I	leave		for work.
16	How many days a week	do	you	go		to school?
17			I	go		to school five days a week.
18	How	do	you	(usually) go		to school?

❶ 빈도의 부사(usually, sometimes, always, often, never)의 위치
  ① 일반동사 앞에 온다. ② 조동사 및 be동사 뒤에 온다.

❷ 부사, 형용사, 명사의 어순 및 수식관계

How	many	days(*16)
(얼마나)	(많은)	(날)
〈부사〉	+ 〈형용사〉	+ 〈명사〉

❸ 시간, 날씨, 거리, 계절, 요일의 주어는 [it] (*22)

연번	의문사 [O]	조동사 [aV]	주어 [S]	(조동사) 동사 (빈도의 부사) [aV] [V]	목적어 ①명사 ②대명사 ③부정사 [O]	〈수식어〉 부사(구) ①장소 ②방법 ③시간 ④목적(위하여) [M]
19			I	(sometimes)go		by bus,
		[and]	I	(sometimes)go		by subway.
20	What	do	you	(usually) do		after class?
21			I	(usually) come		home,
		[but]	I	(sometimes) meet	① my friends.	
22	How long	does	it	take		④ to get home?
23			It	takes		about ten minutes
						on foot.
24			I	hope	③ to see you	again.

오늘의 단어

연번	단어	품사	뜻	연번	단어	품사	뜻
1	appointment	명사	약속	9	usually	부사	대개
2	Linda	명사	린다(사람 이름)	10	get (up)	동사	일어나다
3	evening	명사	저녁	11	before	전치사	~전에
4	menu	명사	식단표, 요리	11	breakfast	명사	아침
5	order	동사	주문하다	12	wash	동사	씻다

연번	주어 (S)	수식어 (M)	목적어 (O)	동사 (V)
1		학교에 가는데 / 얼마나 오래		(시간이) 걸릴까요?
2		약 1시간		걸릴 것입니다.
3		시간이 / 오래		걸릴까요?
4		아니오, 오래		걸리지 않을 거예요.
5	누가		경기를(에)	이길까요?
6	누가		금메달을	딸까요?
7	내가	공항에서	당신을	차로 태워드리겠습니다.
8	당신은	몇 시에	영어를 / 공부하기를	시작했어요?
9			영어를 / 공부하는 것을	포기하지 마세요.
10			무엇을 / 먹을까(를) 무엇을 / 마실까(를) 무엇을 / 입을까(를)	염려하지 마라.
11	당신은	어제 / 어떻게 / 집에		왔어요?
12	나는	택시를 타고 / 집에		왔어요.
13	당신은	걸어서 / 직장에		왔어요(출근 했어요)?
14	당신은	방과 후에 / 몇 시간	영어를	공부했어요?
15	나는	약 2시간 동안	영어를	공부했어요.
16	당신은	삼송에서 / 언제	근무하기(를)	시작했어요?
17	나는	5년 전에	근무하기(를)	시작했어요.
18	당신은		무슨 학교를	졸업했어요?
19	나는		ABC대학을	졸업했어요.
20	당신은	점심으로	무엇을	먹었어요?
21	나는		밥을	먹었어요.
22	당신은		점심을	잘 먹었어요?
23		예, 그렇습니다.		

21강

✦ 2형식/3형식 연습 [주어+동사(현재/미래/과거시재)+목적어]

연번	의문사	조동사	주어	(조동사) 동사	목적어 ① 명사 ② 대명사 ③ 부정사 ④동명사 ⑤ 명사구	〈수식어〉 부사〈구〉 ① 장소 ② 방법 ③ 시간 ④ 목적
	[O][M]	[aV]	[S]	[aV] [V]	[O]	[M]
1	How long	will	it	take		④ to get to Seoul?
2			It	will take		about an hour.
3		Will	it	take		long?
4		[No,]	it	won't take		long.
5	Who		<②>	will win	① the game?	
6	Who		<②>	will win	② the gold medal?	
7			I	will pick	② you up	at the airport.
8	What time	did	you	start	③ to study English?	
9				(Don't) give up	④ studying English.	
10				(Don't) worry	about ⑤ what to eat,	
					drink or wear.	
11	How	did	you	come		home yesterday?
12			I	took	① a taxi	home.
13		Did	you	walk		to work?
14	How many	did	you	study	① English	after school?
	hours					
15			I	studied	① English	for about two hours.
16	When	did	you	start	③ to work	at Samsong?
17			I	started	③ to work	five years ago.
18	What school	did	you	graduate		from?
19			I	graduated		from ABC College.
20	What	did	you	eat		④ for lunch?
21			I	ate	① rice.	
22		Did	you	enjoy	① lunch?	
23		[Yes,]	I	did.		

❶ 타동사구 안에서의 인칭대명사는 발음상 동사와 부사 사이에 위치한다 .

pick up <u>you</u> (✕)   pick <u>you</u> up (〇)   〈*7〉   pick up it (✕)   pick <u>it</u> up (〇)

❷ 의문형용사와 명사의 어순과 수식관계

    What   school 〈*8〉
    (무슨)   (학교)
    〈형용사〉 + 〈명사〉 *여기에서 what은 의문대명사가 아니고 의문형용사로 쓰였다.

❸ 전치사+명사구 〈*10〉

오늘의 단어

연번	단어	품사	뜻	연번	단어	품사	뜻
4	won't	조동사	will not의 약어	10	wear	동사	입다, 쓰다, 신다
5	win	동사	(경기) 이기다, 획득하다	12	took	동사	take(걸리다)의 과거
5	game	명사	경기	13	walk	동사	걷다
7	pick (up)	동사	(도중에서) 차를 태우다	17	ago	부사	~전에
			(아무를) 차로 마중나가다	18	graduate	동사	졸업하다
7	airport	명사	공항	18	college	명사	대학
8	start	동사	출발하다, 시작하다	21	ate	동사	eat(먹다)의 과거
9	give (up)	동사	포기하다	22	enjoy	동사	즐기다, (즐겁게) 맛보다
10	worry	동사	염려하다				

연번	주어 (S)	수식어 (M)	목적어 (O)	동사 (aV+V)
1	나는	한국에서 / 10년 동안		살아왔습니다.
2	당신은	한국에서 / 몇 년간		살아왔습니까?
3	당신은	얼마나 오래	영어를	공부해왔습니까?
4	나는	약 2년간	영어를	공부해왔습니다.
5	그녀는	몇 년간 / 그녀의 회사에서		근무해왔어요?
6	그녀는	오랫동안		근무해왔어요.
7	당신은	얼마나 오랫동안	그를	알아왔어요?
8	나를	10년 이상	그를	알아왔습니다.
9	우리는	방금 ABC공항에		도착했어요.
10	나는	오랫동안	당신을	보고 싶어해 왔어요.
11	당신은	미국에서		살아본 적이 있어요?
12		예, 그렇습니다.		
13		아니오, 그렇지 않습니다.		
14	당신은	해외에		여행해본 적이 있어요?
15	나는		나의 지갑을	잃어버렸어요.
16	나는	그간 오랫동안	당신을	보지 못했습니다.
17		오랜만입니다.		
18	나는	아주 많이	당신을	그리워했습니다.
19	나는	여기에 / 당신을 보러		왔습니다.

22강

✦ 조동사(현재완료)/2~3형식 연습 [주어+(조)동사(현재완료시재)+목적어]

연번	의문사 [M]	조동사 (현재완료) [aV]	주어 [S]	(조동사) 동사 [aV] [V]	목적어 ① 명사 ② 대명사 [O]	〈수식어〉 부사(구) ① 장소 ② 방법 ③ 시간 ④ 목적 [M]
1			I	(have) lived		in Korea for 10 years.
2	How many years	have	you	lived		in Korea?
3	How long	have	you	studied	① English?	
4			I	(have) studied	① English	for about two years.
5	How many years	has	she	worked		at her company?
6			She	(has) worked		for a long time.
7	How long	have	you	known	② him?	
8			I	('ve) known	② him	for over 10 years.
9			We	('ve)[just] landed		at ABC Airport.
10			I	('ve) wanted	③ to see you	for a long time.
11		Have	you	[ever] lived		in America?
12		[Yes,]	I	(have.)		
13		[No,]	I	(haven't.)		
14		Have	you	[ever] traveled		overseas?
15			I	('ve) lost	① my wallet.	
16			I	(haven't) seen	② you	for a long time.
17						Long time, no see.
18			I	('ve) missed	② you	very much.
19			I	('ve) come		here ④ to see you

❶ 현재완료(have〈has〉+과거분사)는

① 과거부터 현재까지의 행위의 계속 〈*1, 2, 3, 4, 5, 6, 7, 8, 10, 16, 18〉

② 완료(흔히 "just"와 함께 많이 쓰인다) 〈*9〉

③ 경험(흔히 "ever"와 함께 많이 쓰인다) 〈*11〉

④ 결과〈*15〉를 나타낸다.

❷ 현재완료에 쓰이는 [have]를 포함하여 조동사는 축약형으로 많이 사용된다.

[have→'ve]   [has→'s]   [will→'ll]   [would→'d]   [do not ▶ don't]

❶ 현재완료에 쓰이는 [have, has]는 조동사로서 기능어이므로 약하게 발음된다.
그러나 '가지다, 먹다, 마시다'의 의미로 쓰이는 [have, has]는 본동사로서 내용어이
므로 강세이다.

❷ 조동사는 축약형으로 쓰이는 만큼 발음상 강세가 없으며 기능어로서 약하게 빨
리 발음된다. 다만 부정조동사는 강세이다. 긍정과 부정의 명확한 구분 필요성 때
문이다.

오늘의 단어

연번	단어	품사	뜻	연번	단어	품사	뜻
1	have	조동사	(현재완료에 쓰임)	10	airport	명사	공항
1	for	동사	~동안	11	ever	부사	언젠가, 이제까지
5	has	조동사	have의 3인칭단수에 쓰임	14	travel	동사	여행하다
5	company	명사	회사	14	overseas	부사	해외로
7	known	동사	know(알다)의 **pp**	15	lost	동사	lose(잃다)의 **pp**
8	've	조동사	have 의 약칭	15	wallet	명사	지갑
8	over	전치사	~을 넘는	16	seen	동사	see(보다)의 **pp**
9	just	부사	이제 방금, 막 ~하였다	18	miss	동사	그리워하다
9	land	동사	착륙하다				

참고 **pp** (past participle): 과거분사

연번	주어 (S)	수식어 (M)	보어 (C+V)
1	당신은	그간 어떻게	지내왔어요(지내온)?
2	나는	그간	잘 지내왔어요(잘 지내온).
3	당신은	얼마나 오랫동안	아파왔어요(아파온)?
4	나는	3일간	아파왔어요.
5	당신은	얼마나 오랫동안	결혼생활 해왔어요(결혼한)?
6	나는	약 10년 동안	결혼생활 해왔어요.
7	당신은	미국에	있던 적이 있어요(있어 온)?
8		예, 그렇습니다.	
9	당신은	그간 몇 번 / 거기에	있었어요(있어 온)?
10	당신은	여기에서 / 얼마나 오래	있었어요(있어 온)?
11	나는	여기에서 / 1988년 이래로	있었어요.
12	당신은	그간 / 어디에서	있었어요?
13	나는	학교에	다녀왔어요(다녀온).
14	당신은	미국에	다녀온 (적)이 있어요?
15		아니오 / 나는 거기에	다녀온 적이 없어요.
16	그녀는	그녀의 회사에서 / 얼마나 오랫동안	근무해오고 있는 중입니까(근무중)?
17	그녀는	약 5년 동안	근무해오고 있는 중입니다.
18	당신은	얼마나 오랫동안 / 나를	기다리고 있는 중입니까?
19	나는	20분 동안 / 당신을	기다리고 있는 중입니다.

23강

✦ 조동사(현재완료)/1~2형식 연습 [주어+Be동사+보어(형용사/현재분사)]

연번	의문사 [M]	조동사 (현재 완료) [aV]	주어 [S]	(조동사)(과거분사) been [aV]　[V]	보어 ① 형용사 ② 현재분사 [C]	〈수식어〉 부사(구) [M]
1	How	have	you	been?		
2			I	('ve)　been	① fine.	
3	How long	have	you	been	① sick?	
4			I	('ve)　been	① sick	for three days.
5	How long	have	you	been	① married?	
6			I	('ve)　been	① married	for about 10 years.
7		Have	you	[ever]　been		in America?
8		[Yes,]	I	have.		
9	How many	have	you	been		there?
	times		I	have　been		there three times.
10	How long	have	you	been		here?
11			I	('ve)　been		here since 1988.
12	Where	have	you	been?		
13			I	('ve)　been		to school.
14		Have	you	[ever]　been		to the United States?
15		[No,]	I	('ve)[never] been		there.
16	How long	has	she	been	② working	for her company?
17			She	(has)　been	② working	for about five years.
18	How long	have	you	been	② waiting	for me?
19			I	('ve)　been	② waiting	for you for 20 minutes.

☰ 해설

❶ be동사가 있는 현재완료는 [have+been (be동사의 과거분사)]

❷ "How have you been?"은 "How are you?"의 현재완료형이다. <*1>

❸ 조동사 [do]로 시작하는 질문에 대한 답을 대동사 [do]로 답하는 것처럼 현재완료에 쓰이는 조동사 [have]로 시작하는 질문에 대한 답은 조동사 [have]로 대신한다. <*8>

❷ 현재완료진행형: [have been+현재분사] <*16~19>
과거부터 현재까지의 행위의 계속과 진행을 강조하는 경우에 쓰임

❸ [have been to~]: ~에 다녀오다.<*12~15>

☰ 생활회화

❶ Thank you(감사합니다)에 대한 답은?
You're welcome. (천만에요.)

❷ I am sorry(미안합니다)에 대한 답은?
No problem. / That's all right. (괜찮습니다.)

❸ Excuse me(실례합니다)에 대한 답은?
Sure. (그러시죠.)

❹ 상대방의 권유에 대한 거절의 답은?
No, thank you. (아니오, 감사합니다.)

오늘의 단어

연번	단어	품사	뜻	연번	단어	품사	뜻
9	times	명사	(몇)번, 회	15	never	부사	일찍이 ~한 적이 없다.
11	since	전치사	~이래	19	minute	명사	분

연번	주어 (S)	수식어 (M)	목적어 (O)	(조)동사 (aV+V)
1	내가		당신들의 주의를	가져도 됩니까?(안내방송입니다.)
2	당신은	언제	나의 사무실을	방문할 수 있어요?
3	당신은		소금을	좀, 넘겨주실 수 있어요?
4	당신은	그 시험에 합격하기 위해서 / 하루에 3시간 동안	영어를	공부해야 합니다.
5	당신은		휴식을	취해야 합니다.
6	당신은	나를 만나기 위해서/ 일찍		왔었어야 했어요.
7	당신은	그 시험에 합격하기 위해서 / 열심히		공부 했었어야 했어요.
8	당신은	10시까지	이 리포트를	마쳐야 합니다.
9	당신은	어젯밤에	그들을	만났음에 틀림없다.
10	당신은	오늘		일을 해야 합니까?
11	아니오,	나는 오늘		일을 할 필요가 없습니다.
12	그는	오후 5시까지		일을 해야 합니다.
13	그는	오늘		일을 해야 합니까?
14	아니오,	그는		일을 할 필요가 없습니다.
15	나는	지금 / 집에		가야 합니다.
16	당신은	지금 / 집에		가야 합니다.
17	당신은	지금 / 집에		가야 합니까?
18	나는	어젯밤에 / 시간 외로		일을 하지 않으면 안 되었습니다.
19	나는		돈을 버는 것을(돈 벌)	필요가 없습니다.
20	당신은	어젯밤에 / 왜		일을 하지 않으면 안 되었어요?
21	당신은	내일	무엇을	해야 할까요?
22	나는	그녀를 만나기 위해서 / 서울에		가야 할 것입니다.

24강

✦ 조동사/2~3형식 연습 [주어+(조동사)동사+목적어]

연번	의문사 [O] [M]	조동사 ① 허락 ② 가능 ③ 정중 ④ 의무 [aV]	주어	(조동사) [aV]	동사 [V]	목적어 ① 명사 ② 대명사 [O]	〈수식어〉 (1) 부사구 ① 장소 ② 방법 ③ 시간 ④ 목적 (2) 형용사구 [M]
1		① May	I		have	① your attention,	please?
2	When	② can	you		visit	① my office?	
3		③ Could	you		pass	① the salt?	
4			You	④ (should)	study	① English	three hours a day
							④ to pass the exam.
5			You	④ (should)	take	① a rest.	
6			You	④ (should have)	come		early ④ to meet me.
7			You	④ (should have)	studied		hard ④ to pass the test.
8			You	④ (must)	finish	④ this report	by ten o'clock.
9			You	④ (must have)	met	② them	last night.
10		Do	you	④ (have to)	work		today?
11		[No,]	I	④ (don't have to)	work		today.
12			He	④ (has to)	work		until five o'clock in the afternoon.
13		Does	he	④ (have to)	work		today?
14		[No,]	he	④ (doesn't have to)	work.		
15			I	④ (have got to)	go		home now.
16			You	④ ('ve got to)	go		home now.
17		Have	you	④ (got to)	go		home now?
18			I	④ (had to)	work		overtime last night.
19			I	④ (didn't have to)	earn	① money.	
20	Why	did	you	④ (have to)	work		late last night?
21	What	will	you	④ (have to)	do		tomorrow?
22			I	④ (will have to)	go		to Seoul to meet her.

≡ 해설

❶ [could]는 [can]의 과거형이지만 별도의 독립된 조동사로서 「~해주실 수 있어요?」 라는 정중한 표현에도 함께 사용된다. 〈*3〉

❷ [should+동사원형]: ~해야 한다. 〈당연성〉
(과거형은 should have+과거분사: ~했어야 했다.)

❸ [must]: ① ~해야 한다 〈의무성〉
② ~임에 틀림없다. (과거형은 must have+과거분사: ~이었음에 틀림없다.)

❹ [have to+동사원형]: ~해야 한다. 〈강제성이 약함〉
(과거형은 had to+동사원형: ~하지 않으면 안 되었다.)
[don't have to+동사원형]: ~할 필요가 없다.

❺ ① by(~까지〈는〉): 완료의 의미 〈*8〉 ② until(~까지): 계속의 의미 〈*12〉

오늘의 단어

연번	단어	품사	뜻	연번	단어	품사	뜻
1	may	조동사	~해도 좋다	10	have to	조동사	~해야 한다
1	attention	명사	주의, 유의	11	don't have to	조동사	~할 필요 없다
2	visit	동사	방문하다	12	until	전치사	~까지(계속)
3	salt	명사	소금	16	have got to	조동사	~해야 한다
4	should	조동사	~해야 한다	18	had to	조동사	have to의 **p**
4	exam	명사	시험(examination)	18	overtime	부사	시간외로
5	take	동사	취하다, 섭취하다	19	earn	동사	(생활비를) 벌다
5	rest	명사	휴식	20	late	부사	늦게
8	must	조동사	~해야 한다	20	late	형용사	늦은
8	by	전치사	~까지(완료)				

참고 **p** past(과거)

연번	주어 (S)	목적어 (O)	동사 (V)
1	당신은	그가 누구인지(를)	아세요?
2	나는	당신이 누구를 원하는지(를)	모르겠어요.
3	당신은	그가 언제 여기에 올지(를)	아세요?
4	당신은	그녀가 어디에 있는지(를)	아세요?
5	당신은	서울역이 어디에 있는지(를)	아세요?
6	나는	당신이 내일 / 어디에 갈 것인지(를)	궁금합니다.
7	나는	당신이 생활을 위해서 / 무엇을 하는지(를)	궁금합니다.
8	나는	당신이 무엇을 원하는지를(원하는 것을)	모릅니다.
9	나는	당신이 무엇을 하고 싶어 하는지 / 알고 (알기를)	원합니다.
10	나는	당신이 무엇을 먹고 싶은지(를)	궁금합니다.
11	나는	당신이 무엇을 좋아하는지를(좋아하는 것을) / 알고(알기를)	싶습니다.
12	나는	당신이 무엇을 필요로 하는지를(필요한 것을) / 알고(알기를)	싶습니다.
13	당신은	그가 몇 시에 / 여기에 / 도착할지를	아세요?
14	당신은	그녀가 무슨 책을 / 읽기를 좋아하는지를	아세요?
15	당신은	그가 왜 학교에 / 오지 않는지를	아세요?
16	나는	당신이 왜 우리를 위해서 / 일하고 싶어 하는지를 / 알고(알기를)	싶습니다.
17	나는	당신이 어떻게 그것을 했는지(를)	궁금합니다.
18	나는	당신 기분이 어떤지(를)	이해합니다.
19	나는	당신이 얼마나 많은 돈을 갖고 있는지(를)	궁금합니다.
20	당신은	내가 어젯밤에 / 얼마나 열심히 공부했는지(를)	아세요?
21	당신은	비행기로 / 서울역에 도착하는데 / 얼마나 오래 걸릴지를	아세요?
22	나는	그가 파티에 / 올 것인지(를)	모르겠어요.
23	나는	그가 여기에 / 올지 안 올지(를)	궁금합니다.
24	나는	그가 여기에 / 오지 않으리라고	생각합니다.
25	나는	당신이 / 곧 / 건강이 좋아지기를	희망합니다.

25강

✦ 3형식 연습 [주어+동사+목적어(명사절)]

연번	조동사 [aV]	주어 [S]	(조동사) 동사 [V]	목적어 ① 명사 ② 대명사 ③ 부정사 ④ 동명사 ⑤ 명사구 ⑥ 명사절 〈1〉의문사+주어+동사~ 〈2〉관계대명사 what(~것)+주어+동사~ 〈3〉if /whether(~인지를)+주어+동사~ 〈4〉that+주어+동사~ [O]
1	Do	you	know	⑥ who he is?
2		I	(don't) know	⑥ who you want.
3	Do	you	know	⑥ when he will come here?
4	Do	you	know	⑥ where she is?
5	Do	you	know	⑥ where Seoul Station is?
6		I	wonder	⑥ where you will go tomorrow.
7		I	wonder	⑥ what you do for a living.
8		I	(don't) know	⑥ what you want.
9		I	want	③ to know ⑥ what you want to do.
10		I	wonder	⑥ what you want to eat.
11		I	want	③ to know ⑥ what you like.
12		I	('d) like	③ to know ⑥ what you need.
13	Do	you	know	⑥ what time he will arrive here?
14	Do	you	know	⑥ what book she likes to read?
15	Do	you	know	⑥ why he didn't come to school?
16		I	('d) like	③ to know ⑥ why you want to work for us.
17		I	wonder	⑥ how you did it.
18		I	understand	⑥ how you feel.
19		I	wonder	⑥ how much money you have.
20	Do	you	know	⑥ how hard I studied last night?
21	Do	you	know	⑥ how long it'll take to get to Seoul by plane?
22		I	(don't) know	⑥ if he will come to the party.
23		I	wonder	⑥ whether he will come here (or not.)
24		I	(don't) think	⑥ that he will come here.
25		I	hope	⑥ (that) you will be well soon.

1	No pains, no gains.	노고 없이 이루어지는 것은 없다.
2	Easy come, easy go.	쉽게 얻은 것은 쉽게 나간다.
3	As you sow, so will you reap.	뿌리는 대로 거두리라.
4	Where there is a will, there is a way.	뜻이 있는 곳에 길이 있다.
5	Art is long, life is short.	예술은 길고 인생은 짧다.
6	A friend in need is a friend indeed.	곤경에 처해있을 때의 친구가 진정한 친구이다.
7	Knowledge is power.	아는 것이 힘이다.

격언 단어

1	pain	고통, (복수)노력, 노고	5	art	예술
1	gain	이익, (복수)수익	6	need	위급할 때, 곤경
3	as	~대로	6	indeed	실로, 참으로
3	reap	거두다	7	knowledge	지식
4	will	의지, 뜻	7	power	힘

오늘의 단어

연번	단어	품사	뜻	연번	단어	품사	뜻
6	wonder	동사	궁금하다	22	if	접속사	~인지를
18	understand	동사	이해하다	23	whether	접속사	~인지

연번	주어 (S)	수식어 (M)	간접 목적어(IO)	직접 목적어(DO)	(조)동사+동사 (aV+V)
1			나에게(한테)	먹을 어떤 것을(것 좀)	주세요.
2	나는		당신에게(한테)	점심을 사주기를(사주고)	원합니다(싶습니다).
3			나에게	약간의 물을(물 좀)	갖다 주세요.
4	내가		당신에게	질문을	해도 좋습니까?
5	내가		당신에게	부탁을	해도 좋습니까?
6			나에게	당신이 무엇을 원하는지를	좀, 말해주세요.
7			나에게	당신이 무엇을 좋아하는 지 (당신이 좋아하는 것)를	좀, 말해주세요
8			나에게	당신이 무엇을 필요로 하는지 (당신이 필요한 것)를	좀, 말해주세요.
9			나에게	당신이 무엇을 하기를 원하는지를	좀, 말해주세요.
10			나에게	당신이 어디에 가고 싶어 하는지를	말해주세요.
11			그에게	Mr. Lee가 전화했었다고	말씀해주시겠어요?
12			나에게	카메라를	좀, 보여주세요.
13	당신은		나에게	서울역에 어떻게 가는지를	가르쳐주시겠어요?
14			나에게	컴퓨터를 어떻게 사용하는지를	좀, 가르쳐주세요.
15	나는	내일	당신에게	이메일을	보내겠습니다.
16			나에게	당신이 언제 파티에 올 것인지를	좀, 알려주세요.
17			나에게	100달러를	좀, 지불해주세요.
18	당신은		나에게	약간의 돈을(돈 좀)	빌려줄 수 있어요?
19	내가		당신에게	마실 어떤 것(것 좀)	갖다드릴(줄)까요?
20	나는		당신에게	행운을	빕니다.
21	나는		당신에게	기쁜 성탄절과 행복한 새해를	빕니다(기원합니다).
22			그녀에게	그녀가 여기에 올 수 있는지를	좀, 물어봐 주세요.
23			그녀에게	그녀가 몇 시에 도착할 것인지를	물어봐 주세요.
24	당신은		나에게	택시를	불러줄 수 있어요?

26강

✦ 4형식 연습 [주어+동사+간접목적어+직접목적어]

연번	조동사 [aV]	주어 [S]	<수여>동사 (조동사) [aV] [V]	간접목적어 (~에게) ① 명사 ② 대명사 <목적격> [IO]	직접목적어 (~을, 를) ① 명사 ② 대명사<목적격> ③ 명사구 ④ 명사절 [DO]
1		[Please]	give	② me	② something to eat.
2		I	[want to] buy	② you	① lunch.
3		[Please]	bring	② me	① some water.
4	May	I	ask	② you	① a question?
5	May	I	ask	② you	① a favor?
6		[Please]	tell	② me	④ what you want.
7		[Please]	tell	② me	④ what you like.
8		[Please]	tell	② me	④ what you need.
9		[Please]	tell	② me	④ what you want to do.
10			Tell	② me	② where you want to go.
11	Would	you	tell	② him	④ Mr. Lee called?
12		[Please]	show	② me	① some cameras.
13	Would	you	show	② me	③ how to get to Seoul Station?
14		[Please]	show	② me	③ how to use a computer.
15		I	(will) send	② you	① the e-mail tomorrow.
16		[Please]	inform	② me	④ when you will come to the party.
17		[Please]	pay	② me	① 100 dollars.
18	Can	you	lend	② me	① some money?
19	Shall	I	get	① you	① something to drink?
20		I	wish	② you	① good luck.
21		I	wish	② you	① Merry Christmas and a Happy New Year.
22		[Please]	ask	② her	④ if she can come here.
23			Ask	① her	④ what time she will arrive here.
24	Can	you	call	② me	① a taxi?

❶ 4형식문형은 수여동사의 특성상 그 다음에 「~에게」, 「~을, 를」이라는 문장형식이 나올 수밖에 없다.

❷ 4형식 문형은 일생생활 특히, 국제 간의 교류에서 많이 활용되는 중요한 문형이다. 4형식에서 쓰이는 수여동사에는 「~에게」라는 의미가 포함되어 있으므로 간접목적어(~에게) 앞에 특히, 명사 앞에 [to]를 붙이지 않도록 유의해야 한다.

❸ 3형식 문장 안에서 4형식 문형이 삽입되어 있음 〈*2〉

❹ [that]을 포함하는 명사절이 목적어로 쓰일 때에는 [that]을 생략할 수 있다.
〈*11〉
"Mr. lee called." 앞에 [that]이 생략되어 있다.

[v] [t] [d] 등의 다음에 자음이 오는 경우에는 v, t, d 등이 생략되어 들린다.

오늘의 단어

연번	단어	품사	뜻	연번	단어	품사	뜻
2	buy	동사	(~에게) 사주다	17	pay	동사	(~에게) 지불하다
3	bring	동사	(~에게) 가져오다	18	lend	동사	(~에게) 빌려 주다
4	ask	동사	(~에게) 묻다	19	get	동사	(~에게) 갖다 주다
4	question	명사	질문	20	luck	명사	운, 행운
5	favor	명사	호의, 부탁	21	wish	동사	(행복,건강) 빌다
6	tell	동사	(~에게) 말하다	21	merry	동사	명랑한, 유쾌한
12	show	동사	(~에게) 보여주다	21	Christmas	명사	성탄절
14	use	동사	사용(활용)하다	22	new	형용사	새로운
15	send	동사	(~에게) 보내다	24	call	동사	불러오다
16	inform	동사	(~에게) 알려주다				

연번	주어 (S)	수식어 (M)	목적어 (O)	동사 (V)
1	나는	당신에게 줄	어떤 것을(것이 좀)	갖고 있다(있다).
2	나는	당신에게 줄	것이 아무것도	없다.
3	나는	당신에게 줄	어떤 것이(것이)	없어요.
4	나는	당신에게 줄	선물을(이)	갖고 있어요(이 있어요).
5	나는	당신에게 사줄	것이(게) 좀	있어요.
6	나는	당신에게 물어볼	질문이	있어요.
7	당신은	나에게 물어볼	질문이	있어요?
8	나는	당신에게 물어볼	것이(게) 좀	있어요.
9	당신은	나에게 물어볼	것이(게) 좀	있나요?
10	나는	당신에게 물어볼	것이(게) 아무것도	없어요.
11	나는	당신에게 말할	것이(게) 좀	있어요.
12	당신은	나에게 말할	것이(게) 좀	있나요?
13	나는	당신에게 말할	것이(게) 아무것도	없어요.
14	나는	당신에게 보여줄	것이(게) 좀	있어요.
15	당신은	나에게 보여줄	것이(게) 좀	있나요?

27강

✦ 수여동사활용, 3형식 연습 [주어+동사+목적어+(수여동사+간접목적어)]

연번	조동사 [aV]	주어 [S]	(조동사) 동사 [aV]　　[V]	목적어 ① 명사 ② 대명사 [O]	〈수식어〉 형용사구 (부정사) [M]
1		I	have	② something	to give you.
2		I	have	② nothing	to give you.
3		I	(don't) have	② anything	to give you.
4		I	have	① a gift	to give you.
5		I	have	② something	to buy you.
6		I	have	① a question	to ask you.
7	Do	you	have	① a question	to ask me?
8		I	have	② something	to ask you.
9	Do	you	have	① anything	to ask me?
10		I	have	② nothing	to ask you.
11		I	have	② something	to tell you.
12	Do	you	have	② anything	to tell me?
13		I	have	② nothing	to tell you.
14		I	have	② something	to show you.
15	Do	you	have	② anything	to show me?

연번	수식어 (M)	주어 (S)	동사 (V)
1	방안에는	TV가	있어요.
2	교실에	많은 학생들이	있어요.
3	할	게 많이	있어요.
4	내일 할	게 아무것도	없을 거예요.
5	걱정할	게 아무것도	없어요.
6	오늘 아침	자동차 사고가	있었어요.
7	당신 가족에는 얼마나 많이	사람들이	있어요?
8	나를 포함해서	우리 4명이	있어요
9	이 근처에	우체국이	있어요?

≡ 생활회화

1	After you.	당신 먼저요.
2	It's up to you.	그건 당신 마음대로 하세요.
3	Same here.	나도 마찬가지로요.
4	Same to you.	당신에게도 마찬가지로요.
5	Good job.	잘 했어요! (칭찬할 때)
6	Cheer up.	힘내세요.
7	Do your best.	최선을 다하세요.
8	God bless you.	신의 은총을 빕니다.
9	Good luck.	행운을 빕니다.
10	Look out. / Watch out.	조심하세요!

단어

* up to: ~에게 맡겨져   * same: 같은, 마찬가지로   * cheer: 활기, 원기

* God: 신, 하느님   * bless: ~에게 은총을 내리다.

27-1강

✦ 2형식 연습 [비인칭 주어(there)+be동사+보어(명사/대명사)]

연번	의문사 [M]	Be 동사 [V]	비인칭 주어	Be동사 (조동사) [aV][V]	보어 ① 명사 ② 대명사 [S]	〈수식어〉 ① 부사구 ② 형용사구 [M]
1			There	is	① a TV	in the room.
2			There	are	① a lot of students	in the classroom.
3			There	are	② a lot of things	② to do now.
4			There	(will) be	② nothing	② to do tomorrow.
5			There	is	② nothing	② to worry about.
6			There	was	① a car accident	this morning.
7	How many	are	there			in your family?
8			There	are	① four of us	including me.
9		Is	there		① a post office	near here?

오늘의 단어

연번	단어	품사	뜻	연번	단어	품사	뜻
1	there is		~있다	7	family	명사	가족
2	classroom	명사	교실	8	include	동사	포함하다
6	accident	명사	(돌발) 사고, 재난	9	post office	명사	우체국
7	many	형용사	많은	10	near	형용사	가까운
7		부사	많이			부사	가까이
8		명사	많은 사람들				

연번	(가)주어 (S)	(의미상) 주어(S)	(진)주어 (S)	수식어 (M)	보어(형동사) (C)
1	그는			결혼하기에	너무 어려요.
2	이것은	내가		마시기에	너무 뜨거워요.
3	이것은	내가		들기에	너무 무거워요.
4	영어는	우리가		2~3년 만에 / 숙달하기에	힘들어요.
5	그는			기쁘게 하기에	힘들어요.
6		당신이	여기에서 / 택시를 잡는 것은		힘들 것입니다.
7		내가	그 시험에 합격하는 것은		쉽지 않을 것입니다.
8		린다가	그와 결혼하는 것이		가능할까요?
9		그녀가	부자가 되는 것이		불가능할까요?
12		우리가	열심히 일하는 것은	생계를 위해서	당연하지 않습니까?
13		우리가	열심히 공부하는 것이	성공하기 위해서	중요합니다.
14		우리가	영어를 잘 말하는 것은	취직을 위해서	필수적입니다.
15		그녀가	그렇게 말하는 것은		잘못된 것입니다.
16		당신이	그렇게 말하니		기분이 좋습니다.
17	그는			나에게 차를 사줄 수 있을 만큼	부자입니다.

28강

✦ 2형식 연습 [(가)주어+Be동사+보어(형용사)+(진)주어<부정사>]

연번	Be동사 (조) (동) (사) [aV][V]	주어 ① 명사 ② 대명사 가주어 (it) [S]	Be동사 (조동사) [V]	보어 ③ 형용사 [C]	(의미상)주어 (for+명사) (for+대명사) 목적격> [S]	진주어(부정사) <수식어>(부사구) [S] [M]
1		He	is	(too) young		to get married.
2		This	is	(too) hot	(for me)	to drink.
3		This	is	(too) heavy	(for me)	to carry.
4		English	is	hard	(for us)	to master in a few years.
5		He	is	hard		to please.
6		It	(will) be	hard	(for you)	to catch a taxi here.
7		It	(won't) be	easy	(for me)	to pass the test.
8	(Will)	it	be	possible	(for Linda)	to marry him?
9	(Will)	it	be	impossible	(for her)	to be rich?
10		It	('ll) be	convenient	(for you)	to take a taxi to get here.
11	Was	it		inconvenient	(for you)	to get here by bus?
12	Isn't	it		natural	(for us)	to work hard for a living?
13		It	is	important	(for us)	to study hard to succeed.
14		It	is	essential	(for us)	to speak English well to get a job.
15		It	is	wrong	(for her)	to say that.
16		It	is	nice	(of you)	to say so.
17		He	is	rich(enough)		to buy me a car.

❶ 판단의 형용사(hard, easy, possible, impossible, convenient, inconvenient, natural, important, wrong 등)를 강조하고자 할 경우에는 의사전달의 효율성을 위해서 [it (가주어)~부정사(진주어)]의 문형을 많이 쓴다.

❷ 부정사의 "의미상의 주어"는 「목적격」이다. (*동명사의 의미상의 주어는 「소유격」)

① [for +명사/대명사]는 삽입구(부사구)이다.
감정을 나타내는 형용사 nice의 경우에는 [for] 대신에 [of] 를 쓴다. 〈*16〉

② 위의 명사/대명사 〈목적격〉은 형용사 다음에 쓰였는데 목적어로서 쓰인 것이 아니고 「전치사+목적격」으로 쓰여 부사구로서 삽입되어 있으며 다음의 부정사와의 관계는 해석상 주격(의미상의 주어)으로 해석된다.

❸ [enough(충분히)]가 부사로서 형용사 또는 부사를 수식할 때에는 그 뒤에서 위치하여 수식한다.

① enough   money   ② rich   enough
   (충분한)   (돈)   (부유한)   (충분히)
  〈형용사〉 + 〈명사〉   〈형용사〉 + 〈부사〉

오늘의 단어

연번	단어	품사	뜻	연번	단어	품사	뜻
1	too	부사	너무	9	impossible	형용사	불가능한
1	young	형용사	어린, 젊은	10	convenient	형용사	편리한
1	get married		결혼하다	11	inconvenient	형용사	불편한
2	hot	형용사	뜨거운, 더운	12	natural	형용사	당연한
4	heavy	형용사	무거운	13	important	형용사	중요한
4	hard	형용사	힘든	13	succeed	동사	성공하다
4	master	동사	정복하다, 숙달하다	14	essential	형용사	필수적인
5	please	동사	기쁘게 하다	14	get	동사	얻다
6	catch	동사	잡다	15	wrong	형용사	틀린, 잘못된
7	easy	형용사	쉬운	16	so	부사	그렇게
8	possible	형용사	가능한	17	enough	형용사	충분한
8	marry	동사	결혼하다			부사	충분히

연번	주어 (s)	수식어 (M)	보어 (C+V)
1	나는	당신만큼	힘이 셉니다.
2	영어는	한국어만큼 / 배우기가	쉽지 않다.
3	나는	당신보다	더 힘이 세다.
4	스페인어는	영어보다 / 발음하기에	더 쉽다.
5	나는	그보다 / 두 살	더 어리다.
6	나는	그보다 / 두 살	더 먹었다.
7	중국어는	일본어보다	더 어렵다.
8	뉴욕은	서울보다	더 비싸다.
9	한국어는	배우기가 / 세계에서	가장 쉬운 언어이다.
10	지하철은	거기에 / 가는 데	가장 빠른 방법이다.
11	러시아어는	배우기가 세계에서	가장 어려운 언어이다.
12	린다는	그녀의 학급에서	가장 예쁜 소녀이다.
13	그녀는	그보다 / 더 열심히	일한다.
14	당신은	린다보다 / 영어를 / 잘	말한다.

29강

✦ 형용사/부사 비교연습

연번	주어	Be동사 일반동사	보 어 (비교) 명사 부사	형용사 명사	(비교) 명사 대명사	〈수식어〉 ① 부사구: ~하기에 ② 부사구: ~하기 위하여 (목적)
	[S]	[V]	[M]	[C]	[M]	[M]
1	I	am	(as)	strong	(as) you.	
2	English	isn't	(as)	easy	(as) Korean	① to learn.
3	I	am		stronger	(than) you.	
4	Spanish	is		easier	(than) English.	① to pronounce.
5	I	am	two years younger (than) he.			
6	He	is	two years older (than) I.			
7	Chinese	is	(more) difficult (than) Japanese.			
8	New York	is	(more) expensive (than) Seoul.			
9	Korean	is	the easiest language			① to learn in the world.
10	The subway	is	the quickest way			② to get there.
11	Russian	is	(the most) difficult language			① to learn in the world.
12	Linda	is	(the most) beautiful girl			in her class.
13	She	works	harder (than) he.			
14	You	speak	English better (than) Linda.			

❶ 원급: as~as (~만큼) 〈*1~2〉

❷ 형용사 비교급: (~보다도)

　① 원급에 -(e)r를 붙인다 〈*3~6〉

　② [자음+y]로 끝나는 말은 y를 i로 고쳐서 -er을 붙인다. 〈*4〉 (최상급에서도 같음)

　③ 2음절어와 3음절어 이상의 긴 형용사는 형용사 앞에 more를 붙인다. 〈*7~8〉

　④ 비교급 다음에는 than을 붙인다.

❸ 형용사 최상급: (가장 ~한)

　① 원급에 -(e)st를 붙인다. 〈*9~10〉

　② 2음절어와 3음절어 이상의 긴 형용사는 형용사 앞에 most를 붙인다. 〈*10~11〉

　③ 최상급의 형용사 앞에는 the를 붙인다.

❹ 부사의 비교: 형용사와 같은 방법

　다만, 부사의 최상급 앞에는 the를 붙이지 않는다.

오늘의 단어

연번	단어	품사	뜻	연번	단어	품사	뜻
1	strong	형용사	힘이 센	9	language	명사	언어
1	as	부사	~만큼	9	world	명사	세계, 세상
2	Korean	명사	한국어	10	quick	형용사	빠른
3	than	접속사	~보다도	11	Russian	명사	러시아어
4	Spanish	명사	스페인어	12	beautiful	형용사	아름다운
4	pronounce	동사	발음하다	14	better	형용사	(good의 비교급) 더 좋은
7	Chinese	명사	중국어				
7	difficult	동사	어려운	14	better	부사	(well의 비교급) 더 잘
7	Japanese	명사	일본어				
8	more	형용사	(many의 비교급) 더 많은	12	most	형용사	(many의 최상급) 가장 많은
8	more	부사	(much의 비교급) 더 많이	12	most	부사	(much의 최상급) 가장 많이

연번	주어 (S)	수식어 (M)	보어 (C+V)
1	보고서는	어제	완성되었어요.
2	그것은	언제	완성되었어요?
3	그것은	내일	완성될 것입니다.
4	그것은	언제	완성될까요?
5	이메일은	어젯밤에	보내졌어요.
6	그것은		보내졌습니다.
7	그것은	언제	보내졌어요?
8	그것은	내일	보내질 것입니다.
9	그것은	언제	보내질까요?
10	자동차가		수리됐나요?
11		〈예, 그렇습니다.〉	
12		〈아니오, 그렇지 않습니다.〉	
13	그것이	언제	수리될까요?
14	이 자동차가	어디에서	만들어졌나요?
15	그것은	한국에서	만들어졌어요.
16	당신의 집은		팔렸어요?
17		아니오, 아직은	안 팔렸는데요.
18		아직 아닙니다.	
19	그것이	언제	팔릴까요?
20	그것이	어떻게	배달될까요?
21	그것은	우편으로	배달될 것입니다.
22	그것은	어떻게	지불되었어요?
23	그것은	현금으로	지불되었어요.
24	이 자리는		차지되어 있어요?
25	이 자리는		예약되어 있어요.
26	당신은	언제	태어났어요?
27	저는	1988년에	태어났어요.

30강

✦ 2형식 연습 [주어+Be 동사+보어(과거분사)]

연번	의문사 [M]	Be동사 (조동사) [aV] [V]	주어 [S]	Be동사 (조동사) [aV] [V]	보어 ⑤ 과거분사 [C]	〈수식어〉 부사(구) [M]
1			The report	was	finished	yesterday.
2	When	was	it		finished?	
3			It	(will) be	finished	tomorrow.
4	When	(will)	it	be	finished?	
5			The e-mail	was	sent	last night.
6			It	(has) been	sent.	
7	When	was	it		sent?	
8			It	(will) be	sent	tomorrow.
9	When	(will)	it	be	sent?	
10		(Has)	the car	been	repaired?	
11		[Yes,]	it	(has.)		
12		[No,]	it	(hasn't.)		
13	When	(will)	it	be	repaired?	
14	Where	was	this car		made?	
15			It	was	made	in Korea.
16		(Has)	your house	been	sold?	
17		[No,]	it	(hasn't) been	sold	yet.
18						[Not yet.]
19	When	(will)	it	be	sold?	
20	How	(will)	it	be	delivered?	
21			It	(will) be	delivered	by mail.
22	How	was	it		paid?	
23			It	was	paid	in cash.
24		Is	this seat		occupied?	
25			This seat	is	reserved.	
26	When	were	you		born?	
27			I	was	born	in 1988.

❶ 과거분사는 동사원형의 어미에 [d] 또는 [ed]를 붙여 만들거나 전혀 다른 형태의
  단어로 변경되기도 한다. (불규칙변화)

  ① 과거분사는 우리말로는 〈~해진〉이 된다. (수동과 완료의 의미)
     반면에 현재분사(동사원형+ing)는 능동과 진행의 의미〈~하는 중인〉가 있다.
  ② 수동태를 만든다.: [be동사+과거분사]
  ③ 현재분사와 마찬가지로 「~ㄴ」으로 끝나므로 형용사적 표현이다.

❷ 현재완료 수동태: [have(has) been+과거분사]

❸ [by+명사], [in+명사], [with+명사]는 수단을 나타내는 부사구 〈*23〉

오늘의 단어

연번	단어	품사	뜻	연번	단어	품사	뜻
1	report	명사	보고서	21	mail	명사	우편
2	finished	동사	finish(완성하다)의 **pp**	22	paid	동사	pay(지불하다)의 **pp**
3	sent	동사	send(보내다)의 **pp**	23	cash	명사	현금
9	repaired	동사	repair(수리하다)의 **pp**	23	in cash		현금으로
14	made	동사	make(만들다)의 **pp**	24	occupied	동사	occupy(차지하다)의 **pp**
16	sold		sell(팔다)의 **pp**	25	reserved	동사	reserve(예약하다)의 **pp**
17	yet	부사	아직(까지는)	26	born	동사	bear(낳다)의 **pp**
20	delivered	동사	deliver(배달하다)의 **pp**				

참고 **pp** (past participle): 과거분사

연번	주어 (S)	수식어 (M)	보어 (C+V)
1	당신은	한국 음식에	익숙합니까?
2	아니오, 나는	한국 음식에	익숙하지 않습니다.
3	아니오, 나는	한국 문화에	익숙해 있지 않습니다.
4	당신은	많은 돈을 버는 데에	관심 있습니까?
5	아니오, 나는	많은 돈을 버는 데에	관심이 없습니다.
6	나는	더 좋은 직업을 갖는 데에	관심이 있습니다.
7	나는	영어를 구사하는 것에 관하여	걱정이 되었습니다.
8	당신은	흡연을 삼가하도록	요구됩니다.
9	서울 출발 비행기 001호 편이	7번 출입문을 통해서 / 오후 8시 반에 / 도착될	예정입니다.
10	우리는	어디에서 / 모이도록	되어 있죠?
11	우리는	서울역에서 / 모이도록	되어 있죠.
12		여기에 / 다시	꼭 오세요.
13		오늘 밤에	꼭 전화 하세요.

연번	수식어(M)	동사(V)
14	와 주어서	감사합니다.
15	전화해 주어서	감사합니다.
16	나를 도와 주어서	감사합니다.
17	나를 초대해 주어서	감사합니다.
18	우리 회사를 방문해 주어서	감사합니다.
19	당신의 선물에 대해서	감사합니다.
20	당신의 칭찬에 대해서	감사합니다.
21	나는 당신으로부터 곧 소식을 듣기를	기대합니다.

31강

✦ 과거분사형 형용사 표현 연습 [전치사+명사/동명사]

연번	의문사 [M]	Be동사 (조동사) [V]	주어 [S]	Be동사 [V]	보어(형용사) [C]	① 명사 ② 동명사 ③ 부정사 [M]
1		Are	you		used	to ① the Korean food?
2	[No,]		I	am not	used	to ① the Korean food.
3	[No,]		I	am not	accustomed	to ① the Korean culture.
4		Are	you		interested	in ② making a lot of money?
5	[No,]		I	am not	interested	in ② making a lot of money.
6			I	am	interested	in ② finding a better job.
7			I	was	worried	about ② speaking English.
8			You	are	required	to refrain from ② smoking.
9			Flight 001 from Seoul	is	scheduled	to arrive at 8:30 P. M. through Gate 10.
10	Where	are	we		supposed	③ to get together?
11			We	are	supposed	③ to get together at Seoul Station.
12				Be	sure	③ to come here again.
13				Be	sure	③ to call tonight.

연번	동사(구)	전치사+① 명사 전치사+② 동명사
14	Thanks	for ② coming.
15	Thanks	for ② calling.
16	Thanks	for ② helping me.
17	Thanks	for ② inviting me
18	Thanks	for ② visiting our company.
19	Thanks	for ① your gift.
20	Thanks	for ① your compliments.
21	I am looking forward	to ② hearing from you soon.

❶ ① 전치사+명사(구, 절)

　② 전치사+대명사(목적격)

　③ 전치사+동명사(동사원형+ing)

❷ 전치사 다음에 동사를 쓰고자 할 경우에는 동명사를 사용한다.

　① in+동명사 〈*4~6〉

　② about+동명사 〈*7〉

　③ from+동명사 〈*8〉

　④ for+동명사 〈*14~21〉

❸ be sure to+동사원형: 꼭 ~하다. 〈*12~13〉

❹ look forward to+동명사: ~을 기대하다. 〈*21〉

오늘의 단어

연번	단어	품사	뜻	연번	단어	뜻
8	require	동사	요구하다	21	hear from	~의 소식을 듣다
8	refrain (from)	동사	삼가다	1	be used to	~에 익숙해진
9	p.m.	명사	오후	3	be accustomed to	~에 익숙해진
9	through	전치사	~을 통하여	4	be interested in	~에 흥미(관심)있는
9	gate	명사	문	7	be worried about	~을 걱정하고 있는
11	get together		모이다	9	be scheduled to	~할 예정인
12	sure	형용사	확실한	12	be supposed to	~하기로 되어있는
17	invite	동사	초대하다			
20	compliments	명사	칭찬			

연번	주어 (S)	수식어 (M)	보어 (C)
1	보는 것이		믿는 것이다.
2	보는 것이		믿는 것이다.
3	영어를 유창히 말하는 것은	외교관이 되기 위해서	필수적이다.
4	나의 꿈은		가수가 되는 것이다.
5	문제는		어떻게 그것을 실현 시키느냐이다.
6	그 시험에 어떻게 합격하느냐 하는 것이		중요하다.
7	내가 궁금한 것은		그가 어떻게 부자가 될 수 있었는지이다.
8	그것이		내가 생각했던 것이다.
9	나의 취미는		컴퓨터게임을 하는 것이다.
10	내가 배우고 싶은 것은		자동차를 조심스럽게 운전하는 방법이다.
11	나는		무엇이 행해졌느냐에 관심이 있다.
12	나의 고민은		그를 만날 것인지 혹은 안 만날 것인지이다.
13	내가 너에게 말하고 싶은 것은		당신이 열심히 공부해야 한다는 것이다.
14	나는		TV를 보고 있는 중이다.
15	보고서는	어젯밤에	완성되었다.
16	이것은	한국에서 만들어진	휴대폰이다.
17		내일 할	것이 많이 있다.
18		방안에는	TV와 냉장고가 있다.
19	우리가 열심히 일하는 것은		당연하다.
20	그가 나를 도왔다는 것은		사실이다.

32강

✦ 2형식 종합정리 [주어+Be동사+보어]

연번	주어 ① 명사 ② 대명사 ③ 부정사 ④ 동명사 ⑤ 명사구 ⑥ 명사절 비인칭주어(there)/가주어(it) [S]	Be 동사 [V]	보어 ① 명사 ② 대명사 ③ 부정사 ④ 동명사 ⑤ 명사구 ⑥ 명사절 ⑦ 형용사 ⑧ 현재분사 ⑨ 과거분사 [C]	〈수식어〉 부사구/형용사구 진주어 ① 부정사 ② 명사절 [M]
1	③ To see	is	③ to believe.	
2	④ Seeing	is	④ believing.	
3	④ Speaking English fluently	is	⑦ essential	to be a diplomat.
4	① My dream	is	③ to become a singer.	
5	① The problem	is	③ how to realize it.	
6	⑤ How to pass the test	is	⑦ important.	
7	⑥ What I wonder	is	⑥ how he was able to be rich.	
8	② That	is	⑥ what I thought.	
9	① My hobby	is	④ playing the computer game.	
10	⑥ What I want to learn	is	⑥ how to drive a car carefully.	
11	② I	am	⑦ interested in what was done.	
12	① My agony	is	⑤ whether to meet him or not.	
13	⑥ What I want to tell you	is	⑥ that you should study hard.	
14	① I	was	⑧ watching TV.	
15	① The report	was	⑨ finished	last night.
16	② This	is	① a cellular phone	made in Korea.
17	There	are	② a lot of things	to do tomorrow.
18	There	are	① a TV and a refrigerator	in the room.
19	It	is	⑦ natural	for us ① to work hard.
20	It	is	⑦ true	② that he helped me.

❶ 부정사의 용법:

〈부정사〉라 함은 그 용도가 일정하지 않고 다양한 용도로 활용된다는 한자어에서 유래된 것이다.

① 명사적 역할: 주어, 목적어, 보어가 된다.

② 형용사적 역할: 명사 및 대명사를 수식한다.

③ 부사적 역할: 동사, 형용사, 다른 부사를 수식한다.

❷ 전치사+명사절 〈*11〉

❸ it(가주어)~부정사(진주어) 〈*19〉   (4) it(가주어)~명사절(진주어) 〈*20〉

≡ 말하다 [관련 영어표현 차이점]

❶ say: (단순히)말하다

❷ tell: ~에게 말을 전하다

❸ speak: ~에게 말을 걸다

❹ talk: 좌담하다, 환담하다

오늘의 단어

연번	단어	품사	뜻	연번	단어	품사	뜻
1	believe	동사	믿다	7	be able to		~할 수 있다
3	fluently	부사	유창하게	8	thought	동사	think(생각하다)의 **p**
3	serve	동사	봉사하다, 일하다	9	hobby	명사	취미
3	diplomat	명사	외교관	10	drive	동사	운전하다
4	dream	명사	꿈	10	carefully	부사	조심스럽게
4	singer	명사	가수	11	done	동사	do(하다)의 **pp**
5	problem	명사	문제	12	agony	명사	고민
5	realize	동사	실현시키다	16	cellular phone	명사	휴대폰
7	able	형용사	능력 있는	16			

참고 **p** past(과거)

pp past participle(과거분사)

연번	주어 (S)	목적어 (O)	(목적)보어 (C)	동사 (V)
1		나를	Jey Lee라고	불러주세요.
2	나는	당신을(이)	행복하게	해주기를 원합니다.
3		당신 자신을(이)	편안하게	하세요(편히 하세요).
4		나를	피곤하게	하지 마세요.
5		나를	화나게	하지 마세요.
6	나는	당신이	여기에 오기를	원합니다.
7	나는	당신이	의사가 되기를	원합니다.
8	당신은	내가	무엇이 되기를	원합니까?
9	나는	당신이	나의 사무실을 방문해 주시기를	원합니다(정중한 표현).
10		린다가(에게, 한테)	나한테 전화를 좀 해달라고(하도록)	말해주세요.
11	그는	나에게	휴식을 취하라고	말했어요.
12		그녀에게	그를 만나지 말라고	좀 말해주세요.
13	나는	그에게	나를 도와달라고	요청했어요.
14	나는	린다에게(한테)	더 열심히 일하도록	충고했어요.
15	나는	당신이	성공할 것이라고	기대합니다.
16	당신은	그들이	언제 여기에 도착할 것이라고	예상합니까?
17	나는	이것이	곧 완성되어지기를	원합니다.
18	당신은	당신의 차가	언제 수리되어지기를	원합니까?
19	나는	그들이	말하고 있는 중인 것을	보았습니다.
20		내가	이것을 운반하는 것을	좀 도와주세요.
21		내가	점심 값을 지불하도록	좀 허락해주세요.
22	내가	당신이	알도록	해드리겠어요.
23		Mr. Lee에게	나에게 전화를 좀 해주도록	해주세요.
24	나는	나의 자동차가(를)	수리되기를(시키고)	원합니다(싶습니다).
25	나는	나의 머리가(를)	이발되기를(이발하고)	원합니다(싶습니다).

33강

✦ 5형식 연습 [주어+동사(불완전타동사)+목적어+보어]

연번	의문사	조동사	주어	(조동사) 동사	목적어 ① 명사 ② 대명사 〈목적격〉	(목적)보어 ① 명사 ② 대명사 ③ 형용사 ④ 부정사 ⑤ 과거분사 ⑥ 현재분사
	[O][M]		[S]	[V]	[O]	[C]
1			[Please]	call	② me	① Jey Lee.
2			I	[want to]make	② you	③ happy.
3			[Please]	make	② yourself	③ comfortable.
4			[Don't]	make	② me	③ tired.
5			[Don't]	make	③ me	③ angry.
6			I	want	② you	④ to come here.
7			I	want	② you	④ to be a doctor.
8	What	do	you	want	② me	④ to do?
9			I	(d') like	② you	④ to visit my office tomorrow.
10			[Please]	tell	① Linda	④ to call me.
11			He	told	② me	④ to take a rest.
12			[Please]	tell	② her	④ not to meet him.
13			I	asked	② him	④ to help me.
14			I	advised	① Linda	④ to work harder.
15			I	expect	② you	④ to succeed.
16	When	do	you	expect	② them	② to arrive here?
17			I	want	② this	⑤ finished soon.
18	When	do	you	want	② your car	⑤ repaired?
19			I	saw	② them	⑥ talking.
20			[Please]	help	② me	③ carry this.
21			[Please]	let	② me	④ pay for lunch.
22			I	(will) let	② you	④ know.
23			[Please]	have	① Mr. Lee	④ call me back.
24			I	[want to]have	① my car	⑤ repaired.
25			I	[want to]have	① my hair	⑤ cut.

✧ <5형식> 목적어=보어 동격 관계

연번	목적어	(목적)보어
1	행동을 한다.	부정사 (to+동사원형)
2	행동을 받는다.	과거분사 (수동과 완료의 의미)
3	행동을 진행한다.	현재분사 (능동과 진행의 의미)
4	행동과 관계없다.	명사/형용사

❶ 타동사는

① 완전타동사(보어가 필요하지 않는 동사)<3/4형식 동사>와

② 불완전타동사(목적어를 보완해주는 보어)<목적보어>가 필요한 동사가 있다.

*5형식 동사는 불완전타동사이다.

❷ 목적어가 자기 자신인 경우에는 재귀대명사를 쓴다. <*3>

❸ 사역동사<*21~23>, 지각동사가 있는 경우에 목적보어로서의 부정사는 [to 없는] 원형부 정사를 쓴다. 동사 [help]는 미국에서는 목적보어로서 원형부정사를 쓴다. <*20>

❹ 사역동사의 용도별 차이

① make (강제성이 강함)   ②have(강제성이 약함)   ③ let (방임, 허용)

오늘의 단어

연번	단어	품사	뜻	연번	단어	품사	뜻
1	call	동사	부르다	15	succeed	동사	성공하다
2	make	동사	~하게 하다	19	saw	동사	see의 **p**
3	yourself	대명사	당신 자신을	10	talk	동사	말(좌담)하다
3	comfortable	형용사	편안한	20	carry	동사	운반(휴대)하다
5	angry	형용사	화난	21	let	동사	~하게 하다(허락)
10	call	동사	전화하다	23	have	동사	~하게 하다
13	ask	동사	요청하다	23	call back	동사	답신(다시) 전화하다
14	advise	동사	충고하다	25	hair	명사	머리카락
14	harder	부사	hard의 비교급	25	cut	동사	자르다
15	expect	동사	예상(기대)하다				

참고 **p** past(과거)

연번	주어 (S)	수식어 [M]	주어 [S]	보어 [C+V]
1	린다는	내가 좋아하는		학생입니다.
2	그녀는	내가 만나기를 원하는		소녀입니다.
3	이것은	내가 읽고 있는		책입니다.
4	이것이	당신이 읽고 싶은		책입니까?
5		당신이 읽고 싶은	책은	무엇입니까?
6	김치는	내가 먹기를 좋아하는		음식입니다.
7		당신이 먹기를 좋아하는	음식은	무엇입니까?
8		당신이 보고 싶은	프로그램은	무엇입니까?
9		당신이 찾고 있는	직업은	무엇입니까?
10		당신이 가보고 싶은	나라는	무엇(어디)입니까?
11		당신이 어제 만났던	학생은	누구입니까?
12		저기 저쪽에서 책을 읽고 있는	소년은	누구입니까?
13	이것은	한국에서 만들어진		자동차입니다.
14	이것은	내가 원하는		것입니다.
15	이것은	내가 원하는		것입니다.
16	이것이	당신이 사고 싶은		것입니까?
17	이것이	내가 좋아하는		것입니다.
18	그것이	내가 생각했던		것입니다.
19		내가 당신에게 보여주고 싶은	어떤 것이	있습니다.
20		내가 당신을 위해서 할 수 있는	어떤 것이	있어요?
21	린다는	열심히 영어를 공부하는		학생입니다.
22	그녀는	아버지가 의사인		학생입니다.
23	이것이	내가 사는		집입니다.
24	이것이	내가 사는		집입니다.
25	이것이	당신이 사는		집입니까?

✦ 형용사절 연습 [관계대명사/관계부사]

형용사절 중에서 ( )는 생략 가능

연번	의문사 [C]	Be 동사	주어 ① 명사 ② 대명사 [S]	Be 동사	보어 ① 명사 ② 대명사 [C]	형용사절 (관계대명사)+주어+동사~ (관계부사)+주어+동사~ [M]
1			Linda	is	the student	(whom) I like.
2			She	is	the girl	(that) I want to meet.
3			This	is	the book	(which) I want to read.
4		Is	this		the book	(that) you want to read?
5	What	is	the book			you want to read?
6			Kimchi	is	the food	(which) I like to eat.
7	What	is	the food			you like to eat?
8	What	is	the program			you want to see?
9	What	is	the job			you are looking for?
10	What	is	the country			you want to go see?
11	Who	is	the student			you met yesterday?
12	Who	is	the boy			(that is) reading a book over there?
13			This	is	a car	(which is) made in Korea.
14			This	is		what I want.
15			This	is		the thing which I want.
16		Is	this			what you want to buy?
17			This	is		what I like.
18			That	's		what I thought.
19			There	is	something	I want to show you.
20		Is	there		anything	I can do for you?
21			Linda	is	a student	who studies English hard.
22			She	is	a student	whose father is a doctor.
23			This	is	the house	where I live.
24			This	is	the house	in which I live.
25		Is	this		the house	you live in?

≡ 해설

❶ 형용사(구, 절)와 명사와의 어순 및 수식관계

 ① 형용사+명사 ② 명사/대명사+형용사구(부정사) ③ 명사/대명사+형용사절(주어+동사~)

❷ 형용사절 유형

 ① [주격 관계대명사]: 명사(사람)+**who (that)**+동사~ / 명사(사물)+**which (that)**+동사~

 ② [소유격 관계대명사]: 명사+**whose(사람/사물)**+명사~

 ③ [목적격 관계대명사(생략가능)]: 명사+ **whom (which/that)**+주어+타동사~

 ④ 선행사 앞에 의문사가 올 때에는 관계대명사는 that(생략 가능) 사용 〈*7~12〉

 ⑤ what=the thing which (~하는 것) (*16~20)

❸ [관계대명사+be동사] 생략 가능한 경우

 ① 명사/대명사+[관계대명사+be동사]+현재분사+목적어 〈*12~13〉

 ② 명사/대명사+[관계대명사+be동사]+과거분사+부사〈구〉 〈*14〉

 ** 현재분사와 과거분사는 명사(대명사) 앞, 뒤에서 명사를 수식하는 형용사적 역할을 한다.

연번	주절/종속절 [Main Clause / Subordinate Clause]	종속절/주절 [Subordinate Clause / Main Clause]
1	내가 어렸을 때	나의 아버지는 내가 의사가 되기를 원했습니다.
2	당신이 집에 도착하자마자(도착하는 대로)	나에게 꼭 전화해 주세요.
3	당신이 원할 때는 언제든지	나에게 전화 좀 해주세요.
4	그가 어제 학교에 갔을 때	수업은 이미 시작하였습니다.
5	내가 살아있는 한	나는 당신을 잊지 않을 것입니다.
6	나는 어제 아팠기 때문에	나는 학교에 올 수 없었다.
7	나는 어젯밤에 바빴었기 때문에	나는 시간 외로 일하지 않으면 안 되었습니다.
8	내가 늦어서	미안합니다.
9	나는 당신이 나를 보러 서울에 오고 싶다니	매우 기쁩니다.
10	나는 가난하지만	유학을 하고 싶습니다.
11	비록 내가 부자는 아닐지라도	나는 당신을 도와 드리고 싶습니다.
12	내가 지금 비록 피곤할지라도	나는 나의 숙제를 하는 것을 끝마쳐야 합니다.
13	아무리 당신이 열심히 일한다고 하더라도	당신이 성공한다는 것은 불가능할 것입니다.
14	내일 비가 오는 경우에는	집에서 TV를 보는 것이 좋겠습니다.
15	내가 시간이 있으면	내가 당신의 사무실을 방문하겠습니다.
16	당신이 한가하면	나의 사무실에 잠깐 좀 들러주세요.
17	당신이 시간이 있다면	당신은 무엇을 하겠습니까?
18	당신이 충분한 돈이 있으면	당신은 무엇을 하겠습니까?
19	나는 충분한 돈이 있으면	가난한 사람을 돕겠습니다.
20	내일 비가 오면	당신은 내일 출근할 필요가 없습니다.
21	당신이 나의 도움을 필요로 한다면	전화하는 것을 주저하지 마세요.
22	내가 당신을 위해 할 수 있는 어떤 것이 있다면	나에게 좀 알려주세요.

35강

✦ 부사절 연습

연번	주절 / 종속절(부사절) [mC] / [sC]	종속절(부사절) /주절 [sC] [mC]
1	When I was young,	my father wanted me to become a doctor.
2	As soon as you get home,	be sure to call me.
3	Whenever you want,	please call me anytime.
4	When he got to school yesterday,	classes had already started.
5	As long as I live,	I won't forget you.
6	Because I was sick yesterday,	I couldn't come to school.
7	Because I was busy last night,	I had to work overtime.
8	I am sorry,	I am late.
9	I am very glad,	you want to come to Seoul to see me.
10	Though I am poor,	I want to study abroad.
11	Even though I am not rich,	I'd like to help you.
12	Even if I am tired now,	I have to finish doing my homework.
13	No matter how hard you work,	it will be impossible for you to succeed.
14	In case it rains tomorrow,	you'd better watch TV at home.
15	If I have time,	I will visit your office.
16	If you are free,	please drop in my office.
17	If you have time,	what will you do?
18	If you have enough money,	what will you do?
19	If I have enough money,	I will help poor people.
20	If it rains tomorrow,	you don't have to come to work.
21	If you need my help,	please don't hesitate to call me.
22	If there is anything I can do for you,	please let me know.

❶ 부사(구)와 부사절과의 관계

　부사절은 주어와 동사의 형식(절)을 갖추고 부사적 역할을 하는 것을 말한다.

❷ 과거완료(had+과거분사): 과거보다 그 이전의 시재(대과거)를 표현한다. 〈*4〉

❸ 명사절(that+주어+동사~)의 유형이 감정을 나타내는 형용사 다음에 올 때에는 원인을 나타내는 부사절로서 쓰인다. 〈*8~9〉 이 경우에도 목적어로서의 명사절처럼 that이 생략될 수 있다.

❹ 때나 조건을 나타내는 부사절에서는 현재가 미래를 대신한다. 〈*14~22〉

❺ 직설법(15~22번)과 가정법과의 차이점

〈종속절〉	〈주 절〉
[직설법] (If+주어+동사현재형~)	① 주어 + 동사 현재형~
	② 주어 + 동사 미래형~
	③ (주어)+ 동사 명령형~

은 사실조건을 말하며 가정이나 상상을 의미하는 가정법과 혼동하지 말아야 한다.

오늘의 단어

연번	단어	품사	뜻	연번	단어	품사	뜻
2	as soon as	접속사	~하자마자	10	abroad	부사	해외에
2	whenever	접속사	~할 때에는 언제든지	11	even though	접속사	비록~할지라도
3	anytime	부사	언제든지, 언제나	12	even if	접속사	비록~할지라도
4	already	부사	이미	13	no matter how	접속사	아무리 ~한다하더라도
5	as long as	접속사	~하는 한(동안에)	14	in case	접속사	~하는 경우에는
5	forget	동사	잊다	14	had better		~하는 편이 좋다
6	because	접속사	~때문에	15	if	접속사	만약 ~이면(하면)
6	couldn't	조동사	can't의 과거형	16	drop (in)	동사	잠시 들르다
9	glad	형용사	기쁜	21	hesitate	동사	주저하다
10	though	접속사	~이긴 하지만				

연번	종속절 (sC)	주절 (mC)
1	내가 만약에 부자라면	나는 당신에게 집을 사줄 텐데.
2	만약에 당신이 부자라면	당신은 무엇을 하겠어요?
3	내가 만약에 백만 달러를 갖고 있다면	나는 당신에게 당신이 원하는 것을 무엇이든지 줄 수 있을 텐데.
4	만약에 내가 한가하다면	나는 당신을 볼 수 있을 텐데.
5	만약에 당신이 백만장자라면	당신은 무엇을 하겠습니까?
6	만약에 내가 당신이라면	나는 그것을 하지 않을 텐데.
7	내가 부자라면 참 좋을 텐데.	
8	내가 영어를 당신만큼 잘 말할 수 있으면 참 좋을 텐데.	
9	그는 그가 마치 부자인 것처럼 말합니다.	
10	내가 만약에 그때 바쁘지 않았더라면	내가 당신을 만날 수 있었을 텐데.
11	내가 만약에 그때 부자였더라면	나는 당신에게 집을 사주었을 텐데.
12	내가 만약에 영어를 열심히 공부했었더라면	나는 더 좋은 직업을 가질 수 있었을 텐데.
13	만약에 당신이 백만장자였더라면	당신은 무엇을 했었을까요?
14	내가 만약에 당신을 더 일찍 만났더라면	나는 성공할 수 있었을 텐데.
15	내가 만약에 더 열심히 공부했었더라면	나는 지금 행복할 텐데.
16	만약에 당신의 도움이 없었더라면	나는 그 시험에 합격할 수 없었을 것입니다.
17	내가 부자였더라면 좋았을 텐데.	
18	내가 더 열심히 일했었더라면 좋았을 텐데.	
19	그는 마치 그가 부자였던 것처럼 말했습니다.	

36강

✦ 부사절 연습 [가정법 과거]

연번	종속절 [sC]	주절 [mC]
1	If I were rich,	I would buy you a house.
2	If you were rich,	what would you do?
3	If I had a million dollars,	I could give you whatever you want.
4	If I were free,	I could see you.
5	If you were a millionaire,	what would you do?
6	If I were you,	I wouldn't do that.
7	I wish I were rich.	
8	I wish I could speak English as well as you.	
9	He talks as if he were rich.	

✦ 부사절 연습 [가정법 과거완료]

연번	종속절	주절
10	If I had not been busy then,	I could have met you.
11	If I had been rich then,	I would have bought you a house.
12	If I had studied English hard,	I could have had a better job.
13	If you had been a millionaire,	what would you have done?
14	If I had met you earlier,	I could have succeeded.
15	If I had studied harder,	I would be happy now.
16	Without your help,	I couldn't have passed the exam.
17	I wish I had been rich.	
18	I wish I had worked harder.	
19	He talked as if he had been rich.	

❶ 직설법이 앞으로 실제 일어날 수 있는 일을 말하는 데 반하여 가정법은 현재나 과거의 시점에 있어서 가정이나 상상일 뿐, 실제 일어날 수 있는 일을 말하는 것이 아님.

❷ 혼합 가정법: 종속절은 가정법 과거완료, 주절은 가정법 과거 〈*15〉
종속절은 과거의 사실과 반대, 주절은 현재의 사실과 반대되는 표현이다.

❸ 현재에 실현할 수 없는 소원 〈*7~8〉

❹ 과거에 이루지 못한 원망 〈*17~18〉

✧ [가정법 과거] 현재의 사실과 반대되는 가정이나 상상

종속절(sC)	주절(mC)
If+주어+동사과거형(Be동사:were)	주어+would/should/could/might+동사원형

✧ [가정법 과거완료] 과거의 사실과 반대되는 가정이나 상상

종속절(sC)	주절(mC)
If+주어+had+과거분사	주어+would/should/could/might+have+과거분사

오늘의 단어

연번	단어	품사	뜻	연번	단어	품사	뜻
3	million	명사	1백만	9	as if	접속사	마치~인 것처럼
3	whatever	대명사	~하는 것은 무엇이든지	10	then	부사	그 때에, 그 당시에
5	millionaire	명사	백만장자	14	earlier	부사	early(일찍)의 비교급
7	wish	동사	~하면 좋을 텐데				

속성 기본 영어회화 4주

성경영어
독해
마태복음,
잠언록(발췌)

Joseph Accept ① Jesus as His Son

1:18 This is *(1) how the birth of Jesus the ② Messiah ③ came about: His mother Mary was ④ pledged to be married to Joseph, but before they ⑤ came together, she was found to be with child through ⑥ the Holy Spirit.

19 Because Joseph her husband was ⑦ faithful to the law and yet did not want to ⑧ expose her to public ⑨ disgrace, he had in mind to ⑩ divorce her quietly.

20 But after he had considered this, an angel of ⑪ the Lord appeared to him in a dream and said, "Joseph son of David, do not be afraid to ⑫ take Mary home as your wife, because *(2) what is ⑬ conceived in her is from the Holy Spirit. 21 She will ⑭ give birth to a son, and you are to give him the name Jesus, because he will save his ⑮ people from their ⑯ sins."

22 All this took place to ⑰ fulfill *(3) what the Lord had said through the ⑱ prophet: 23 "The virgin will conceive and give birth to a son, and they will call him Immanuel"- Which means, "god with us." 24 When Joseph woke up, he did *(4) what the angel of the Lord had ⑳ commanded him and took Mary home as his wife. 25 But he did not ⑳ consummate their marriage until she gave birth to a son. And he gave him the name Jesus.

① **Jesus:** 예수, "구세주"의 뜻
② **Messiah:** 구세주
③ **came about:** (사건 등이) 일어나다
④ **pledge:** 서약(약속)하다
⑤ **come together:** 함께 되다
⑥ **Holy Spirit:** 성령
⑦ **faithful:** 충실한, 성실한
⑧ **expose:** (비밀) 폭로하다, 노출시키다
⑨ **disgrace:** 불명예, 망신거리
⑩ **divorce:** 이혼하다, 이혼시키다
⑪ **Lord:** 하느님, 주, 그리스도
⑫ **take:** 받다, 맞이하다
⑬ **conceive:** 임신하다, 마음에 품다
⑭ **give birth to:** ~을 낳다
⑮ **people:** 사람들, 국민, 민족
⑯ **sin:** (종교, 도덕상의) 죄, 죄악
⑰ **fulfill:** (약속, 의무 따위를) 이행하다
⑱ **prophet:** 예언자, 예언서, 선각자
⑲ **command:** 명령하다
⑳ **consummate:** 성취(완성)하다
　~ **a marriage:** 신방에 들다

*(1) 명사절(보어)　　*(2) 명사절(주어)
*(3) 명사절(목적어)　*(4) 명사절(목적어)

요셉이 예수를 그의 아들로 받아들임

이렇게 해서 구세주 예수가 태어났다. 그의 어머니 마리아는 요셉과 결혼하기로 약속 했었다. 하지만 그들이 함께 하기 전에 그녀에게 성령에 의해서 아기가 있는 것으로 발견되었다. 그녀의 남편 요셉은 율법에 충실했었고 그녀가 여러 사람들에게 망신거리가 되도록 하고 싶지 않았기 때문에 그녀와 조용히 파혼하기로 마음먹었다. 그러나 그가 이것을 생각한 후에 꿈속에서 하느님의 천사가 나타나 말하기를 "다윗의 자손 요셉아, 마리아를 너의 아내로 집에 받아들이는 것을 두려워 마라, 그녀 안에 임신된 것은 성령으로부터 된 것이기 때문이다. 그녀는 아들을 낳을 것이고 너는 그의 이름을 예수라 하여라. 그는 자기의 백성들을 죄에서 구원할 것이다. 모든 이것은 하나님이 예언자를 통해서 말했던 것을 이루기 위해서 일어났던 것이다." 처녀가 임신해서 아들을 낳을 것이며 사람들은 그를 임마누엘이라고 부를 것인데 이것은 '우리와 함께 계시는 하나님'이라는 뜻이다. 요셉이 깨어났을 때, 하나님의 천사가 그에게 명령했던 것을 했으며 마리아를 그의 아내로서 집으로 데려왔다. 허지만 그는 아들을 낳을 때까지 잠자리를 같이 하지 않았다. 그리고 그의 이름을 예수라 하였다.

The Magi Visit the Messiah

2:1 After Jesus was born in Bethlehem in Judea, during the time of King Herod, ① Magi from the east came to Jerusalem **2** and asked, "Where is the one *(1) who has been born king of the ② Jews? We saw his star when it rose and have come to ③ worship him."

3 When the King Herod heard this, he was ④ disturbed, and all Jerusalem with him. **4** When he had ⑤ called together all the people's ⑥ chief priests and teachers of the law,* (2) he asked them where the Messiah was to be born. **5** "In Bethlehem in Judea," they replied.

7 Then Herod called the Magi secretly and found out from them the exact time the star had appeared. **8** He sent them to Bethlehem and said, "go and make a careful ⑦ search for the child. As soon as you find him, report to me, so that I too may go and worship him."

9 After they had heard the king, they ⑧ went on their way, and the star they had seen when it rose ⑨ went ahead of them until it stopped over the place *(3) where the child was. **10** When they saw the star, they were ⑩ overjoyed.

11 On coming to the house, they saw the child with his mother Mary, and they ⑪ bowed down and worshiped him. They opened their ⑫ treasures and ⑬ presented him with gifts of gold, and ⑭ frankincense and ⑮ myrrh.

① **Magi:** (동방의) 박사들
② **Jew:** 유태인
③ **worship:** 예배, 숭배(하다)
④ **disturb:** 불안하게 하다
⑤ **call:** (관청에)불러내다, 소집하다
⑥ **priest:** 성직자
　　chief~: 대제사장
⑦ **search:** (장소를)찾다, 수색하다, 탐색하다
⑧ **go on:** 계속해서 나아가다
⑨ **go ahead of:** ~보다, 앞서가다
⑩ **overjoyed:** 매우 기쁜
⑪ **bow:** (인사)머리 숙이다
⑫ **treasure:** 보배, 보물
⑬ **present:** 선물하다, 바치다
⑭ **frankincense:** 유향
⑮ **myrrh:** 몰약

*(1) 형용사절
*(2) 4형식
*(3) 형용사절

동방의 박사들, 구세주 방문

예수가 헤롯왕의 때에 유대의 베들레헴에서 태어난 이후에 동방의 박사들이 예루살렘에 와서 "유대의 왕으로 태어난 이가 어디에 있느냐? 우리는 그의 별이 떴을 때 그의 별을 보았는데 그에게 경배하러 왔다."라고 물었다. 헤롯왕이 이 말을 들었을 때, 깜짝 놀랐었고 예루살렘 사람들도 모두 놀랐다. 그는 모든 제사장들과 율법학자들을 불러 모으고 그들에게 구세주가 어디에서 태어나도록 되어 있느냐고 물었으며 그들은 유대의 베들레헴이라고 대답했다. 그러고 나서 헤롯왕은 동방박사들을 비밀리에 불러서 그들로부터 별이 나타났던 정확한 시간을 알아냈다. 그는 그들을 베들레헴에 보내면서 "가서 그 애를 조심스럽게 찾아보아라. 당신들이 그 애를 찾는 대로 나에게 알려 달라, 그러면 나도 가서 그 아이에게 경배하겠다."라고 말했다. 그들은 왕의 말을 듣고서 그들의 길을 계속 갔다. 그리고 그 별이 떴을 때 그들이 보았던 별이 그들 앞에서 계속 가고 있었고 마침내는 그것이 애가 있는 그곳 위에서 멈춰 섰다. 그들이 그 별을 보았을 때, 무척 기뻤었다. 그들은 집에 오자마자, 그들은 그 아이가 그의 어머니 마리아와 함께 있는 것을 보았고 그들은 허리를 굽혀 그에게 경배했다. 그들은 그들의 보물을 열고 그에게 금, 유향, 몰약과 같은 예물을 선물했다.

The ① Escape to Egypt

2:13 When they had gone, an angel of the Lord appeared to Joseph in a dream. "Get up." he said, "take the child and his mother and escape to Egypt. Stay there until I tell you, for Herod is going to search for the child to kill him."
14 So, he got up, took the child and his mother during the night and left for Egypt, **15** where he stayed until the death of Herod. And so was fulfilled *(1) what the Lord had said through the prophet: "Out of Egypt I called my son."
16 When Herod realized *(2) that he had been ② outwitted by the Magi, he was ③ furious, and he gave orders *(3) to kill all the boys in Bethlehem and its④vicinity who were two years old and under,⑤ in accordance with the time *(4) he had learned from the Magi.

① **escape:** 탈출(하다), 도망(하다)
② **outwit:** 선수치다, ~의 의표(허)를 찌르다, 속이다
③ **furious:** 격노한
④ **vicinity:** 부근
④ **in accordance with:** ~에 따라, ~와 일치하여

*(1) 명사절(주어: 문장의 도치)
*(2) 명사절(목적어)
*(3) 형용사구
*(4) 형용사절

▌이집트로 피난

그들(동방박사)이 갔을 때, 하나님의 천사가 요셉의 꿈에 나타나서 "일어나라, 애와 그의 엄마를 데리고 이집트로 도망가라. 너에게 말할 때까지 그곳에서 머물러 있으라"라고 말했다. 그래서 그는 일어나서 밤중에 애와 그의 엄마를 데리고 이집트로 떠났다. 그는 그곳에서 헤롯이 죽을 때까지 머물렀다. 이렇게 하여 하나님이 예언자를 통해서 말했던 것 "내가 나의 아들을 이집트로부터 불러내었다."가 이루어졌다. 헤롯은 박사들에게 속은 것을 깨달았을 때, 그는 격노하여 그가 그들로부터 알았던 때를 기준으로 베들레헴과 그 부근의 두 살 이하의 모든 애들을 죽이도록 명령했다.

The Return to Nazareth

2:19 After Herod died, an angel of the Lord appeared in a dream to Joseph in Egypt **20** and said, "Get up, take the child and his mother and go to the land of Israel, for ① those *(1) who were trying to ② take the child's life are dead."

21 So he got up, took the child and his mother and went to the land of Israel. **22** But when he heard that Archelaus was ③ reigning in ④ Judea ⑤ in place of his father Herod, he was afraid to go there.*(2)Having been ⑥ warned in a dream, he ⑦ withdrew to the ⑧ district of Galilee, **23** and he went and lived in a town called Nazareth. So was fulfilled what was said through the prophet: "he would be called a ⑨ Nazarene."

① **those:** 사람들
② **take:** (강제로) 빼앗다
③ **reign:** 통치하다, 지배하다
④ **Judea:** 유대
⑤ **in place of:** ~의 대신에
⑥ **warn:** ~에게 경고(주의)하다
⑦ **withdraw:** 물러나다, 퇴출하다, (군대가) 철수하다
⑧ **district:** 지역, 지구
⑨ **Nazarene:** 나사렛사람

*(1) 형용사절
*(2) 완료분사 구문: 주절의 시재보다 앞선 시재

▎나사렛으로 돌아옴

헤롯왕이 죽은 후에, 요셉의 꿈에 나타나서 말하기를 "애와 그의 엄마를 데리고 이스라엘 땅으로 가거라, 애의 목숨을 노렸던 사람이 죽었다."라고 말했다. 그리하여 그는 일어나서 애와 그의 엄마를 데리고 이스라엘 땅으로 갔다. 그러나 아켈라우스가 유대에서 헤롯왕 대신에 통치하고 있다는 것을 들었을 때 그는 그곳에 가는 것을 두려워했다. 그는 꿈속에서 경고를 받았기 때문에 갈릴리 지방으로 물러났다. 그는 나사렛이라는 마을에 가서 살았다. 그리하여 예언자를 통해서 말했던 '나사렛 사람이라고 불리어질 것이다'가 이루어졌다.

The ① Baptism of Jesus

3:13 Then Jesus came from Galilee to the Jordan to be ② baptized by John. **14** But John tried to ③deter, saying, "I need to be baptized by you, and do you come to me?" **15** Jesus replied, "④ Let it be so now; It is ⑤ proper for us to do this to fulfill all the righteousness." Then John ⑥ consented.

16 As soon as Jesus was baptized, he went up out of the water. At that moment ⑦ heaven was opened, and*(1) he saw the ⑧ Spirit of God ⑨ descending like a ⑩ dove and ⑪ lighting on him.

17 and a voice from heaven said, "This is my Son, whom I love; with him I am well pleased."

① **baptism:** 세례, 영세, 침례
② **baptize:** (~에게) 세례를 베풀다
③ **deter:** 만류하다, 단념시키다
④ **Let be:** 내버려 두다, 상관치 않다
⑤ **proper:** 적당한, 타당한, 지당한
⑥ **consent:** 동의하다, 찬성하다
⑦ **heaven:** 하늘, 천국, (H~) 신
⑧ **spirit:** 정신, 마음, 영혼, 성령
⑨ **descend:** 내리다, 내려오다
⑩ **dove:** 비둘기
⑪ **light:** 빛나다, 불을 켜다

*(1) 5형식

▌ 예수, 세례 받음

그 무렵 예수는 갈릴리에서 요한에 의해서 세례를 받기 위해서 요르단에 왔다. 그러나 요한은 "내가 세례를 당신으로부터 받아야 하는데 당신이 나한테 왔느냐?"라며 만류하려고 했다. 예수는 "지금은 그렇게 하자. 모든 의를 이루기 위해서 우리들이 이렇게 하는 것이 옳다."라고 대답하였다. 그제서야 요한이 동의했다. 예수가 세례를 받자마자, 그는 물 밖으로 나왔다. 그 순간에 하늘이 열렸다. 그리고 그는 하나님의 성령이 비둘기처럼 내려와서 그 위에 비추는 것을 보았다. 그리고 하늘에서 "이는 내가 사랑하는 나의 아들이며 내가 아주 기뻐하는 자다."라는 소리가 들려왔다.

Jesus is ① Tested in the Wilderness

4:1 Then Jesus was led by the Spirit into to the ② wilderness to be ③ tempted by the ④ devil. **2** After ⑤ fasting forty days and forty nights, he was hungry. **3** the ⑥ tempter came to him and said, "If you are the son of God,*(1) tell these stones to become bread."
4 Jesus answered, "It is written: Man does not live on bread alone, but on every word*(2) that comes from the mouth of God."

① **test:** 검사(시험)하다
② **wilderness:** 황야<광야>, 사람이 살지 않는 곳
③ **tempt:** (~의) 마음을 끌다, 유혹하다, (古)시험하다
④ **devil:** 악마, 사탄
⑤ **fast:** 단식하다
⑥ **tempter:** 유혹자, 악마, 사탄

5 Then the devil took him to the ⑦ holy city and *(3) had him stand on the highest point of the ⑧ temple. **6** "If you are the Son of God," he said, "throw yourself down."
7 Jesus answered him, "It is also written: 'Do not ⑨ put the Lord your God to the test."
8 Again, the devil took him to a very high mountain and showed him all the kingdoms of the world and their ⑩ splendor. **9** *(4) "All this I will give you," he said, "If you will bow down and worship me."
10 Jesus said to him, "Away from me, Satan! For it is written: Worship the Lord your God, and ⑪ serve him only."
11 Then the devil left him, and angels came and ⑫ attended him.

⑧ **temple:** 신전, 성당, 절, 사원<성전>
⑨ **put~to the test:** ~(사람을) 시험하다
⑩ **splendor:** 빛남, 호화(스런 광경)
⑪ **serve:** (신, 사람을 섬기다), ~에 봉사하다, ~을 위해 일하다
⑫ **attend:** ~에 출석하다, ~을 시중하다

*(1) 5형식
*(2) 형용사절
*(3) 5형식
*(4) 4형식(직접목적어 도치)

예수, 광야에서 시험받음

그때 예수는 성령에 의해서 이끌려 광야로 가서 마귀에 의해서 시험을 받았다. 40일 주야 금식 후에 그는 배가 고팠다. 시험하는 자가 예수께 와서 "당신이 하나님의 아들이라면 이 돌을 빵이 되라고 말하라"라고 하자 예수는 "사람은 빵으로만 살지 않고 하나님의 입에서 나오는 모든 말씀으로 산다."라고 성경에 쓰여 있다고 대답했다. 그러고 나서 마귀가 그를 성곽에 데리고 가서 그를 성곽의 제일 높은 곳에 서게 한 다음 "당신이 하느님의 아들이라면 뛰어 내려라"라고 말하자 예수께서는 "너의 하느님을 시험하지 말라고 성경에 쓰여 있다."라고 대답했다. 다시 마귀는 그를 아주 높은 산에 데리고 가서 그에게 세상의 모든 왕국과 그것들의 호화스러운 광경을 보여주고 "당신이 나에게 절하고 경배하면 모든 이것을 당신에게 주겠다."라고 하자 예수는 "사탄아, 나한테서 썩 물러가라. 왜냐하면 성경에 너의 하나님을 경배하고 오직 그만을 섬기라"라고 쓰여 있기 때문이라고 말했다. 그러자 마귀가 그를 떠났고 천사가 와서 그를 시중들었다.

Jesus Calls His First ① Disciples

18 As Jesus was walking beside the Sea of Galilee, he saw two brothers, Simon called Peter and his brother Andrew. They were casting a ② net into the lake, for they were ③ fishermen.
19 "Come, follow me," Jesus said, "and *(1) I will make you ④ fishers of men." **20** At once they left their nets and followed him.
21 Going on from there, he saw two brothers, James son of Zebedee and his brother John. They were in a boat with their father Zebedee, preparing their nets. Jesus called them, **22** and ⑤ immediately they left the boat and their father and followed him.

① **disciple:** 사도
② **net:** 그물
③ **fisherman:** 어부, 낚시꾼
④ **fisher:** (古) 어부
⑤ **immediately:** 즉시

*(1) 5형식

▎예수, 첫 제자들을 부름

예수가 갈릴리 바닷가를 가시다가 그는 두 형제, 베드로라는 시몬과 그의 동생 안드레를 보았다. 그들은 호수 속에 그물을 던지고 있었다. 왜냐하면 그들은 어부들이었기 때문이다. 예수께서 "나를 따라오라. 그러면 나는 너희들을 사람 낚는 어부로 삼겠다."라고 말했다. 즉시 그들은 그들의 그물을 놔두고 그를 따랐다. 그곳에서 계속 가면서 그는 두 형제, 세베데의 아들 야고보와 그의 동생 요한을 보았다. 그들은 배안에서 그들의 아버지 세베데와 함께 그들의 그물을 손질하고 있었다. 예수는 그들을 부르자 즉시 그들은 배와 그들의 아버지를 떠나서 그를 따라왔다.

Jesus ① Heals the Sick

23 Jesus went ② throughout Galillee, teaching in their ③ synagogues, ④ preaching the good news of the kingdom, and healing every ⑤ disease and ⑥ sickness among the people. 24 News about him spread all over Syria, and people brought to him all who were ill with various diseases, those ⑦ suffering severe ⑧ pain, the ⑨ demon-possessed, those having ⑩ seizures, and the ⑪ paralyzed, and he healed them. 25 Large crowds from Galilee, the Decapolis, Jerusalem, Judea and the region across the Jordan followed him.

① **heal:** (병, 상처, 마음의 고통 등을) 고치다
② **throughout:** ~의 전체에 걸쳐서, 방방곡곡
③ **synagogues:** 유태교회당
④ **preach:** 전도하다, 설교하다
⑤ **disease:** 병, 질병
⑥ **sickness:** 병(disease)
⑦ **suffer:** (고통, 변화 따위를) 경험하다, 입다, 받다
⑧ **pain:** 아픔, 노력
⑨ **demon:** 악마, 귀신
　possessed: 흘린, 미친 듯한
⑩ **seizure:** 붙잡기, 간질병
⑪ **paralyzed:** 마비된, 활동불능이 된

예수, 병자들 병을 고쳐줌

예수는 갈릴리 전역 회당에서 가르치면서 하늘나라의 복음을 전도하면서 사람들 가운데서 모든 질병과 아픈 곳을 고치면서 다녔다. 그에 관한 소문이 시리아 전역에 퍼졌다. 사람들은 그에게 각종 질병으로 아픈 모든 사람, 심한 통증이 있는 사람들, 귀신 들린 사람들, 간질병이 있는 사람들, 중풍 병에 걸린 사람들을 데려왔으며 그는 그들을 고쳐 주었다. 갈릴리, 데카볼리, 예루살렘, 유대 요단강 건너편에서 온 많은 사람들이 그를 따랐다.

Introduction to the ① Sermon on the Mount

5:1 Now when he saw the crowds, he went up on a ② mountainside and sat down. His disciples came to him, 2 and he began to teach them. He said:

The Beatitudes

3 "Blessed are the poor in spirit,
  for theirs is the kingdom of heaven.
4 Blessed are those who ③ mourn,

① **sermon:** 설교,
  ~on the Mount(성경): 산상 수훈
  *beatitude: 더할 나위 없는 행복,
  〈성경〉팔복의 가르침
  (예수의 산상수훈의 일부)
② **mountainside:** 산허리
③ **mourn:** 슬퍼하다, 한탄하다

---

  for they will be ④ comforted.
5 Blessed are the ⑤ meek,
  for they will ⑥ inherit the earth.
6 Blessed are those who ⑦ hunger and ⑧ thirst for righteousness, for they will be filled.
7 Blessed are the ⑨ merciful,
  for they will be shown mercy.
8 Blessed are the ⑩ pure in heart,
  for they will see God.
9 Blessed are the ⑪ peacemakers,
  for they will be called children of God.
10 Blessed are those who are persecuted because of righteousness,
  for theirs is the kingdom of heaven.
11 Blessed are you when people ⑫ insult you, ⑬ persecute you and falsely say all kinds of evil against you because of me. 12 ⑭ Rejoice and be ⑮ glad, because great is your ⑯ reward in heaven, for in the same way they persecuted the prophets who were before you.

④ **comfort:** 위로하다
⑤ **meek:** 온순한, 유화한
⑥ **inherit:** (재산, 권리 따위를) 상속하다
⑦ **hunger:** 배가 고프다, 갈망하다
⑧ **thirst:** 강한 희망을 갖다
⑨ **merciful:** 자비로운
⑩ **pure:** 순순한
⑪ **peacemaker:** 조정자, 평화조약조인자
⑫ **insult:** 모욕(하다)
⑬ **persecute:** 박해하다, 학대하다
⑭ **rejoice:** 기뻐하다
⑮ **glad:** 기쁜, 반가운, 유쾌한
⑯ **reward:** 보수, 보답(하다)

산상 설교

그가 사람들을 보고서 산허리로 올라와 앉았다. 그의 제자들이 그에게 왔고 그는 그들을 가르치기 시작했다. **더할 나위 없는 행복:**

1) 마음이 가난한 사람들은 복을 받는다. 왜냐하면 하늘나라가 그들의 것이기 때문이다.

2) 슬퍼하는 사람들은 복을 받는다. 왜냐하면 그들은 위로를 받을 것이기 때문이다.

3) 마음이 온유한 사람들은 복을 받는다. 그들은 땅을 상속받을 것이기 때문이다.

4) 의를 위해서 주리고 갈망하는 사람들은 복을 받는다. 그들은 채워질 것이기 때문이다.

5) 자비로운 사람은 복을 받는다. 그들은 자비를 입을 것이기 때문이다.

6) 마음이 깨끗한 사람들은 복을 받는다. 그들은 하나님을 볼 것이기 때문이다.

7) 평화를 위해서 일하는 사람은 복을 받을 것이다. 그들은 하나님의 자손이라고 불릴 것이기 때문이다.

8) 의로움 때문에 박해를 받은 사람들은 복을 받는다. 하늘나라가 그들의 것이기 때문이다. 사람들이 나 때문에 너희들을 모욕하고 박해하고 거짓으로 온갖 나쁜 말을 할 때 너희들은 복을 받는다. 기뻐하고 즐거워하라. 하늘에서 너희들의 보상이 크기 때문이다. 왜냐하면 사람들이 이처럼 너희들보다 먼저 살았던 예언자들을 박해했기 때문이다.

잠언록

13:11 Dishonest money ① dwindles away, but whoever gathers money little by little makes it ② grow.	① dwindle: 줄다, 작아지다(away) ② grow: 성정하다, 자라다, 커지다
부정하게 쌓은 재물은 점점 줄어드나 힘들게 모은 돈은 점점 증가한다.	

Salt and Light

5:13 "You are the salt of the ① earth. But if the salt loses its saltiness, how can it be made ② salty again? It is ③ no longer ④ good for anything, except to be thrown out and ⑤ trampled by men.

14 You are the light of the ⑥ world. A town built on a hill cannot be hidden. 15 Neither do people ⑦ light a lamp and put it under a ⑧ bowl. Instead they put it on the ⑨ stand, and it gives light to everyone in the house. 16 In the same way, let your light ⑩ shine before others, that they may see your good ⑪ deeds and praise your Father in Heaven

① **earth**: 지구, 육지, (the~) 이 세상
② **salty**: 짠, 소금기가 있는
③ **no longer**: 이미 ~아니다
④ **good for**: ~에 유익한, ~에 적합한
⑤ **trample**: 짓밟다
⑥ **world**: (the~) 세계, (이, 저) 세상
⑦ **light**: ~에 불을 켜다, 불을 붙이다
⑧ **bowl**: 사발, 공기, (숟가락의) 우묵한 곳
⑨ **stand**: ~세우게(두는데), ~걸이
⑩ **shine**: 빛나게 하다, 비추다
⑪ **deed**: 행위, 공훈, 공적

▎소금과 빛

너희들은 이 세상의 소금이다. 그러나 소금이 짠 맛을 잃는다면 그게 어떻게 다시 짠 맛을 내겠느냐? 그것은 던져져 사람들에게 짓밟혀질 뿐 이미 아무것에도 쓸모없을 것이다. 너희들은 세상의 빛이다. 언덕 위에 지어진 마을이 감추어질 수 없다. 사람들은 불을 켜서 단지 아래에 두지 않는다. 대신에 사람들은 세워서 두는 데에 놓아서 집에 있는 모든 사람들에게 빛을 비춘다. 이렇게 해서 너희들의 빛이 다른 사람들 앞에서 빛이 나도록 해서 사람들이 너희들의 착한 행위를 보고서 하늘에 있는 너희의 아버지를 찬양할 수 있도록 하여라.

The fulfillment of the Law

5:17 Do not think that I have come to ① abolish the Law or the ② Prophets: I have not come to abolish them but to ③ fulfill them. 18 Truly I tell you, until heaven and earth disappear, not the smallest letter, not the least ④ stroke of a ⑤ pen, will ⑥ by any means disappear from the Law until everything is ⑦ accomplished. 19 Anyone who breaks one of ⑧ the least of these ⑨ commandments and *(1)teaches others to do the same will be called least in the kingdom of heaven, but whoever ⑩ practices and teaches these commands will be called great in the kingdom of heaven.

① **abolish:** 폐지하다
② **Prophets:** (구약성서) 예언자(예언서)
③ **fulfill:** (약속,의무) 이행하다, 완수하다
④ **stroke:** 타격, 한획
⑤ **pen:** 문장
⑥ **by no means:** 결코 ~아니다
⑦ **accomplish:** 이루다, 성취하다, 목적을)달성하다
⑧ **the least:** 가장 가치가 없는, 시시한
⑨ **commandment:** 율법
⑩ **practice:** 실천하다, 실행하다

*(1) 5형식

▌ 율법의 이행

내가 율법이나 예언자의 말씀을 폐지하러온 것이라고 생각하지 마라. 진실로 말하건대, 하늘과 땅이 사라지기 전까지는 아무리 작은 글자 하나라도 획 하나라도 결코 사라지지 않고 모든 것이 이루어질 것이다. 이들 율법의 작은 것 어느 하나라도 어기고 또 다른 사람들이 어기도록 가르치는 누구라도 하늘나라에서 가장 작게 될 것이지만 이 율법을 실행하고 가르치는 사람들은 하늘나라에서 크게 여김을 받을 것이다.

Angry

5:21 "You have heard that *(1) it was said to the people long ago, 'Do not ① murder, and anyone who murders will be ② subject to ③ judgement.' 22 But I tell you that anyone who is angry with a brother or sister will be subject to judgement.

① murder: 살인하다
② subject: 지배를 받는, 받기 쉬운, ~을 입기(받기) 쉬운(to)
③ judgement: 재판, 심판, (신의) 천벌

*(1) 가주어

┃ 화를 내는 것

"예전에는 '살인하지 마라, 살인하는 사람은 누구나 심판을 받을 것이다'라는 계명을 받았다."라고 너희들은 들었다. 그러나 나는 너희들에게 말하건대 형제자매에게 화를 내는 사람들은 심판을 받을 것이다.

Adultery

5:28 Do not ① commit adultery. Anyone who looks at a woman ② lustfully has already committed ③ adultery with her in his ④ heart. 29 If your right eye causes you to ⑤ sin, ⑥ gouge it out and throw it away. It is better for you to lose one part of your body than for your whole body to be thrown into hell. 30 And if your right hand ⑦ causes to sin, cut it off and throw it away.

① commit: (죄,과실을)범하다. 저지르다
② lustful: 음탕한, 호색의
③ adultery: 간통, 불의
④ heart: 심장, 가슴, 마음, 감정
⑤ sin: 죄를 짓다
⑥ gouge: (눈알 따위를) 도려내다
⑦ cause: ~의 원인이 되다, 일으키다, ~으로 하여금 ~을 시키다

┃ 간음

간음을 저지르지 마라. 여자를 음란한 생각으로 바라보는 사람은 이미 마음속으로 그 여자를 간음한 것이다. 당신의 오른쪽 눈이 당신으로 하여금 죄를 짓게 한다면 그것을 도려내서 던져 버려라. 너의 몸의 일부분을 잃어버리는 것이 너의 전신이 지옥에 던져지는 것보다 더 낫다. 그리고 너의 오른손이 죄를 짓게 한다면 그것을 잘라서 던져 버려라.

Divorce

5:31 Anyone who divorces his wife must give her a ① certificate of divorce. Anyone who divorces his wife, except for ② marital ③ unfaithfulness, makes her the ④ victim of adultery, and anyone who marries the divorced woman commits adultery.

① **certificate**: 증명서, 면(허)장
② **marital**: 혼인의, 부부간의
③ **unfaithful**: 불실한, 부정(不貞)한
④ **victim**: 희생자, 피해자

| 이혼

아내와 이혼하는 사람은 누구든지 그녀에게 이혼증서를 주어야 한다. 누구나 음행한 이유 이외에 아내와 이혼하는 사람은 그녀를 간음의 희생자로 만드는 것이고 이혼한 여자와 결혼한 사람도 간음을 저지른 것이다.

Oaths

5:33 Do not ① break your ② oath, but keep the oaths *(1)you have made to the Lord." **34** Do not ③ swear ④ at all: either ⑤ by heaven, for it is God's ⑥ throne; or by the earth, for it is his ⑦ footstool. **36** Do not swear by your head, for*(2) you cannot make ⑧ even one hair white or black.

① **break**: (약속, 법률)어기다, 범하다
② **oath**: 명세, 서약, (법정에서) 선서
③ **swear**: 명세하다, 선서하다
④ **not at all**: 조금도 ~하지 않다
⑤ **by heaven**: 하늘을 두고
⑥ **throne**: 왕좌, 옥좌
⑦ **footstool**: 발판
⑧ **not~even**:~조차 아니다.

*(1) 형용사절 *(2) 5형식

| 맹세

너희 맹세를 어기지 말고 네가 하나님께 한 맹세를 지켜라. 하늘에 맹세코 맹세하지 마라, 하늘은 하나님의 옥좌이기 때문이다. 땅을 두고 맹세하지 마라, 땅은 하나님의 발판이기 때문이다. 당신의 머리에 맹세코 맹세하지 마라, 왜냐하면 너희는 머리카락 하나라도 희게 또는 검게 만들 수 없기 때문이다.

Eye for Eye

5:38 You have heard that it was said, 'Eye for eye, and tooth for tooth.' 39 Do not ① resist an ② evil person. If some one strikes you on the right cheek, turn to him the other also. 40 And if someone wants to ③ sue you and ④ take your ⑤ shirt, *(1) let him have your ⑥ cloak ⑦ as well. 41 If *(2)anyone ⑧ forces you to go one mile, go with them two miles. 42 Give to the one who asks you, and do not ⑨ turn away from the one who wants to borrow from you.

① resist: 저항하다
② evil: 사악한, 나쁜, 불길한
③ sue: ~을 상대로 소송을 제기하다
④ take: 빼앗다, 가져가다
⑤ shirt: 와이셔츠, 셔츠
⑥ cloak: 겉옷
⑦ as well: 더욱이, 게다가, 또한
⑧ force: 힘, 억지로 ~시키다
⑨ turn away: 외면하다

*(1) *(2): 5형식

▌ 보복하지 마라

너희는 '눈에는 눈, 이에는 이'라는 말을 들었다. 나쁜 사람에게 맞서지 마라. 만일 누가 너의 오른 쪽 뺨을 때린다면 그에게 다른 쪽도 돌려주어라. 또 만일 누가 너를 재판에 걸어 속옷을 가져가기를 원한다면 그가 너의 겉옷도 갖도록 해라. 누군가 너에게 강제로 1마일을 가도록 시키면 그들과 함께 2마일을 가주어라. 네게 달라고 하는 사람에게는 주어라. 네게 빌리기를 원하는 사람에게는 외면하지 마라.

Love for Enemies

5:44 Love your ① enemies and ② pray for those who ③ persecute you, **45** ④ that you ④ may be children of your Father in heaven. *(1) He causes his sun to rise on the evil and the good and sends rain on the righteous and the unrighteous. **46** If you love those who love you, what reward will you get? Are not even the tax ⑤ collectors doing that? **47** And if you ⑥ greet only your brothers, what are you doing ⑦ more than others? Do not even ⑧ pagans do that? **48** Be ⑨ perfect, ⑩ therefore, ⑪ as your ⑫ heavenly Father is perfect.

① **enemy**: 적, 원수, 경쟁상대
② **pray**: 기도하다
③ **persecute**: 박해하다, 학대하다
④ **(so)that~may**: ~하 (할 수있)도록
⑤ **collector**: 수집자, 수금원
　　tax collector: 세금 수금원(세리)
⑥ **greet**: 인사하다, 영접(환영)하다
⑦ **more than**: ~보다 많은, ~이상으로
⑧ **pagan**: 이교도(기독교, 유태교 아닌)
⑨ **perfect**: 완전한, 결점이 없는
⑩ **therefore**: 그런 까닭에, 따라서
⑪ **as**: ~처럼
⑫ **heavenly**: 하늘의

*(1) 5형식

▌원수까지 사랑하여라

너희 원수를 사랑하고 너희를 박해하는 사람들을 위해 기도하라. 그러면 너희가 하늘에 계신 아버지의 자녀가 될 것이다. 너희 아버지는 악한 사람이나 선한 사람 모두에게 햇빛을 비추시고 의인과 악인에게도 비를 내려준다. 네가 너를 사랑하는 사람들만 사랑한다면 네가 무슨 보상을 받을 것인가? 심지어 세리도 그만큼 하지 않느냐? 만일 네가 형제들에게만 인사한다면 다른 사람들보다 너희가 더 나을 것이 무엇이 있겠느냐? 심지어 이방인들도 그렇게 하지 않느냐? 그러므로 하늘에 계신 너희 아버지가 완전하신 것처럼 너희도 완전 하도록 하여라.

Giving to the ① Needy

6:1 ② "Be careful not to ③ practice your righteousness in front of others, to be seen by them. If you do, you will have no ④ reward from your Father in heaven.
2 "So when you give to the needy, do not ⑤ announce it with trumpets, as the ⑥ hypocrites do in the synagogues and on the streets to be ⑦ honored by others. They have received their reward ⑧ in full. 3 But *(1) when you give to the needy, do not *(2) let your left hand know *(3)what your right hand is doing, 4 so that your giving may be in secret. Then your Father, *(4)who sees *(5)what is done in secret, will reward you.

① needy: 가난한, 궁핍한
② be careful not to: ~을 하지 않도록 조심해라
③ practice: 실행하다, 행하다
④ reward: 보상, 보수(하다)
⑤ announce: 알리다, 발표하다
⑥ hypocrite: 위선자
⑦ honor: 명예, 영광, ~에게 명예(영광)를 주다, 존경(존중)하다
⑧ in full: 전부

*(1) 부사절 *(2) 5형식 *(3) 명사절(목적어)
*(4) 형용사절 *(5) 명사절(목적어)

가난한 사람들에게 주는 것

"남들에게 보이려고 다른 사람들 앞에서 의를 행하지 않도록 주의하여라. 그렇게 하면 너희는 하늘에 계신 너희 아버지로부터 아무런 보상을 받지 못할 것이다." 그리하여 너희가 가난한 사람들에게 줄 때에는 위선자들이 회당이나 거리에서 다른 사람들에 의해서 존중받기 위해서 하는 것처럼 나팔 불고 그것을 알리지 마라. 그런 사람들은 그들의 보상을 전부 받아버렸다. 그러나 너희가 가난한 사람들에게 줄 때에는 너희가 주는 것을 은밀하게 되도록 오른손이 하고 있는 것을 너희 왼손이 알도록 하지 마라. 그러면 은밀히 행해진 것을 보시는 너희 아버지께서 너희를 보상할 것이다.

① Prayer

6:5 "When you pray, do not be like the hypocrites, for they love to pray standing in the synagogues and on the street corners to be seen by others. They have received their reward in full. 6 But when you pray, go into your room, close the door and pray to your Father, who is unseen. Then your Father, who sees what is done in secret will reward you. 7 And when you pray, do not keep on ② babbling like pagans, for they think they will be heard because of their many words. 8 Do not be like them, for your Father knows *(1) what you need *(2) before you ask him.

9 "This, then, is *(3) how you should pray:
  "Our Father in heaven,
 ** ③ hallowed be your name,
10 your kingdom come,
   your ④ will be ⑤ done on earth as it is in heaven.
11 *(4)Give us today our ⑥ daily bread.
12 And *(5) ⑦ forgive us our ⑧ debts,
    as we also have forgiven our ⑨ debtors.
13 And ⑩ lead us not into ⑪ temptation,
   but ⑫ deliver us from the ⑬ evil one.

14 For if you forgive other people when they sin ⑭ against you, your Father will also forgive you. 15 But if you do not forgive others their sins, your Father will not forgive your sins.

---

① **prayer**: 기도
② **babble**: 쓸데없는 말을 하다
③ **hallow**: 신성하게 되다
④ **will**: 의지, 의도, 뜻, 유언(서)
⑤ **do**: 하다, 행하다, 수행하다
⑥ **daily**: 매일의, 일상의, 날마다의
⑦ **forgive**: (사람, 죄를) 용서하다
⑧ **sin**: (종교, 도덕상의)죄, 죄악
⑨ **sinner**: (종교, 도덕상의) 죄인
⑩ **lead**: 이끌다, 인도(안내)하다, 데리고 가다
⑪ **temptation**: 유혹, (古)시험, 시도
⑫ **deliver**: 구해내다, 해방시키다, 인도하다, 배달하다
⑬ **evil**: 나쁜, 사악한
⑭ **against**: ~에 대해서, ~에 부딪치어, ~을 향하여

---

*(1) 명사절(목적어)
*(2) 부사절
*(3) 명사절(보어)
*(4) *(5): 4형식
**may〈생략〉(~하기를, 바라건대):
   목적보어는 원형부정사〈문장의 도치〉

기도

기도할 때에는 위선자처럼 하지 마라. 왜냐하면 그 사람들은 회당이나 길가 모퉁이에서 다른 사람들에게 보이게 하기 위해서 서서 기도하는 것을 좋아하기 때문이다. 그들은 그들의 보상을 전부 받아버렸다. 하지만 너희들이 기도할 때에는 너희 방으로 들어가서, 문을 닫고 보이지 않는 네 아버지께 기도하라. 그러면 은밀히 행해지는 것을 보시는 네 아버지께서 네게 보상할 것이다. 그리고 네가 기도할 때에는 이방인처럼 쓸데없는 말을 계속해서 되풀이하지 마라. 왜냐하면 그들은 그들의 많은 말 때문에 그 말들이 들릴 것으로 생각하기 때문이다. 그 사람들처럼 하지 마라. 왜냐하면 네 아버지께서는 네가 그분께 구하기 전에 네가 필요한 것을 알고 계신다. 그러므로 이렇게 기도하여라. '하늘에 계신 우리 아버지, 아버지의 이름이 거룩하게 여김을 받으시고, 아버지의 나라가 이루어지게 하소서. 아버지의 뜻이 하늘에서처럼 이 세상에서도 이루어지게 하소서. 오늘 우리에게 일용할 양식을 주시고, 우리에게 잘못한 사람을 우리가 용서해준 것처럼 우리의 죄를 용서하여 주소서. 우리들을 시험에 들게 하지 마시고 악으로부터 구원해 주소서. 왜냐하면 만일 너희가 다른 사람들이 너희에 대하여 죄를 지을 때, 그들을 용서한다면 너희 아버지께서도 너희를 용서할 것이다. 그러나 다른 사람들에게 그들의 죄를 용서하지 않는다면 너희 아버지께서도 너희의 죄를 용서하지 않을 것이다.

잠언록

13:20 Walk with the wise and become wise, for a ① companion of fools suffers harm.	① companion: 동료, 동반자, 반려자
지혜로운 자들과 함께 걸으면 지혜롭게 되지만 어리석은 자들과 친구가 되면 해만 당한다.	

Fasting

6:16 "When you ① fast, do not look ② somber as the hypocrites do, for they ③ disfigure their faces to *(1) show them *(2) they are fasting. They have received their reward in full. 17 But when you fast, put oil on your head and wash your face, 18 ④ so that *(3) it will not be ⑤ obvious to others *(4) that you are fasting, but only to your Father, who is unseen; and your Father, who sees *(5) what is done in secret, will reward you.

① **fast:** 단식하다
② **somber:** 어두침침한, 우울한
③ **disfigure:** 추하게 하다
④ **so that:** ~하여(서), ~하므로
④ **obvious:** 명백한, 명확한

*(1) 4형식
*(2) 명사절(직접목적어;that 생략)
*(3) it〈가주어〉~ (4) that〈진주어
:명사절〉
*(4) 명사절(직접목적어)

금식

너희가 금식할 때에 위선자들이 하는 것처럼 어두침침하게 보이지 마라. 그들은 그들이 금식하고 있다는 것을 사람들에게 보여주기 위해서 그들의 얼굴을 추하게 한다. 그들은 그들의 보상을 전부 받아버린 것이다. 그러나 네가 금식할 때 머리에 기름을 바르고 얼굴을 씻어라, 그렇게 하면 네가 금식하고 있다는 것이 다른 사람들에게 명확하지 않으나 보이지 않는 네 아버지께만 명확히 보이고 은밀히 행해지는 것을 보시는 네 아버지께서 너희에게 갚으실 것이다.

Treasures in Heaven

6:19 "Do not ① store up for yourselves ② treasures on earth, where ③ moths and ④ vermin ⑤ destroy, and where thieves break in and steal. **20** But store up for yourselves treasures in heaven, where thieves do not break in and steal. **21** For where treasure is, there your heart will be also.

22 The eye is the lamp of the body. If your eyes are healthy, your ⑥ whole body will be full of light. **23** But if your eyes are unhealthy, your whole body will be full of darkness. If then the light within you is darkness, how great is that darkness!

24 No one can serve two ⑦ masters. ⑪ Either you will ⑧ hate the one and love the other, ⑪ or you will be ⑨ devoted to the one and ⑩ despise the other. You cannot serve ⑫ both God ⑫ and Money.

① store: 저축(저장)하다(up, away)
② treasure: 보배, 재보, 소중한 것
③ moth: 나방
④ vermin: 해충, 기생충
⑤ destroy: 파괴하다, 부서지다.
⑥ whole: 전부의, 모든
⑦ master: 주인, 대가, (the M-)주 예수그리스도
⑧ hate: 미워하다, 증오하다.
⑨ devoted: 헌신적인, 충실한
⑩ despise: 멸시하다, 얕보다
⑪ either~or: ~거나 또는~아니다.
⑫ both~and: ~도 ~도 둘 다

▌천국의 재물

자신을 위하여 세상에 재물을 쌓아두지 마라. 이곳에서는 나방과 해충이 파괴하고 그리고 이곳에 도둑이 들어와 훔칠 것이다. 그러나 자신을 위하여 재물을 하늘에 쌓아두어라. 그곳에는 도둑이 들어오거나 훔쳐가지 않는다. 왜냐하면 재물이 있는 곳에 너희 마음 또한 있을 것이기 때문이다. 눈은 몸의 등불이다. 만일 너희 눈이 건강하다면 너희 온몸이 빛으로 가득 차 있을 것이다. 그러나 너희 눈이 건강하지 않으면 너희 온몸이 어둠으로 가득 차 있을 것이다. 그때 너희 안에 있는 빛이 어둠이라면 그 어둠이 얼마나 크겠느냐? 아무도 두 주인을 섬기지 못한다. 너희는 그 중의 한 사람을 미워하고 다른 사람을 사랑하거나 그 중의 한 사람에게 헌신적이거나 다른 한 사람을 업신여길 것이다. 너희는 하나님과 재물 양쪽 다 섬길 수 없다.

Do not Worry

6:25 Do not ① worry about your ② life, what you will eat or drink; or about your body, what you will wear. Is not life more ③ important than food, and the body more important than clothes? **26** Look at the birds of the air; they do not ④ sow or ⑤ reap or store away in ⑥ barns, and yet your heavenly Father ⑦ feeds them. Are you not ⑧ much more ⑨valuable than they? **27** Can any one of you by worrying add a single hour to your life?
28 And why do you worry about clothes? See how the flowers of the field grow. They do not ⑩ labor or ⑪ spin.

① **worry**: 걱정(근심)하다, 고민하다
② **life**: 목숨, 생명, 생존, 삶
③ **important**: 중요한
④ **sow**: 씨를 뿌리다
⑤ **reap**: (작물을)수확하다, 받다
⑥ **barn**: 광(곡물 저장)
⑦ **feed**: (어린애, 동물에게)먹을 것을 주다
⑧ **much**: 훨씬〈비교급강조〉
⑨ **valuable**: 귀중한, 소중한, 값비싼
⑩ **labor**: 일하다, 노동하다
⑪ **spin**: 방적하다, 잣다, 집을 짓다

┃ 걱정하지 마라

무엇을 먹을까, 무엇을 마실까, 너의 목숨에 대하여 걱정하지 마라. 혹은 무엇을 입을까 너의 몸에 대하여 걱정하지 마라. 목숨이 음식보다 더 중요하고 몸이 옷보다 더 중요하지 않느냐? 하늘의 새들을 보아라. 그들은 씨를 뿌리거나 거두거나 곳간에 쌓아두지 않지만 너희 하늘에 계신 아버지께서는 그들에게 먹을 것을 준다. 너희는 그것들보다 훨씬 소중하지 않느냐? 너희들 누구도 걱정을 함으로써 너희 목숨에 단 한 시간을 더할 수 있느냐? 너희는 옷에 대해서 왜 걱정하느냐? 들판의 꽃들이 어떻게 자라는지를 보아라. 그것들은 수고도 하지 않고 옷감을 짜지도 않는다.

6:32 Your heavenly Father knows *(1) that you need them. **33** But ① seek ② first his ③ kingdom and his ④ righteousness, and all these things will be given to you ⑤ as well. **34** Therefore do not worry about tomorrow, for tomorrow will worry about itself. Each day has enough trouble of its own.

① **seek**: 구하다, 찾다, 추구하다
② **first**: 첫째로, 맨 먼저
③ **kingdom**: 왕국, (종교) 신의 나라
④ **righteousness**: 의로움
⑤ **as well**: ~도 또한, ~도 같이

*(1) 명사절(목적어)

너희 하늘에 계신 아버지께서는 너희가 그것들을 필요로 한다는 것을 아신다. 그의 나라와 그의 의를 먼저 구하라. 모든 이런 것들은 너희에게 덤으로 주어질 것이다. 그러므로 내일에 대하여 염려하지 마라. 왜냐하면 내일은 그 자체에 대하여 걱정할 일이다. 오늘의 고통은 오늘로 충분하다.

잠언록

15:1 A gentle answers ① turns away ② wrath, but a harsh word ③ stirs up anger.

① **turns away**: 외면하다, 돌보지 않다
② **wrath**: 격노, 신의 노여움, 천벌
③ **stir up**: 자극하다, 선동하다(up)

부드러운 대답은 화를 가라앉히지만 과격한 말은 노를 일으킨다.

Judging Others

7:1 "Do not ① judge, ② or you too will be judged. 2 For in the same way *(1) you judge others, you will be judged, and with the ③ measure *(2) you use, it will be measured to you.

① **judge:** 재판관, 비판(비난)하다
② **(부정명령 다음) or:** 그렇지 않으면
② **measure:** 정도, 표준, 평가, (판단)하다

*(1) *(2): 형용사절

▎다른 사람 비판

비판하지 마라. 그렇지 않으면 너희 또한 비판받을 것이다. 왜냐하면 네가 다른 사람들을 비판하는 똑같은 방법으로 너희도 비판받게 되어 너희가 판단하는 기준에 따라서 너희에게도 판단될 것이다.

Ask, Seek, knock

7:7 "① Ask and it will be given to you; ② seek and you will find; knock and the door will be opened to you. **8** For everyone who asks receives; he who seeks finds; and to the one who knocks, the door will be opened.

9 "Which of you, if his son ③ asks for bread, will give him a stone? **10** Or if he asks for a fish, will give him a snake?

12 So in everything, do to others *(1) what you ④ would *(2) have them do to you, for this ⑤ sums up Law and the Prophets.

① **ask:** 바라다, 청구하다, 요구하다
② **seek:** (얻으려고)구하다, 찾다
③ **ask for:** ~을 청구하다, ~을 달라고 부탁하다
④ **would: wish to:** 소망하다
⑤ **sum:** 총액, 총액(합계)하다, 요약하다(up)

*(1) 명사절(목적어)
*(2) 5형식

▌구하라, 찾아라, 두드려라

구하라, 그러면 너희에게 주어질 것이다. 찾아라, 그러면 발견할 것이다. 두드려라, 그러면 문이 너희에게 열릴 것이다. 왜냐하면 구하는 사람은 누구든지 받게 되고 찾는 사람은 찾게 되고 그리고 두드리는 사람에게는 문이 열릴 것이다. 너희들 중에 누가 자기의 아들이 빵을 달라고 한다면 그에게 돌을 줄 것인가? 혹은 그가 생선을 달라고 한다면 그에게 뱀을 주겠느냐? 그러므로 모든 것에 있어서 네가 사람들이 너희에게 해주도록 소망하는 것을 다른 사람들에게 하라. 왜냐하면 이것이 율법과 예언서의 개요이기 때문이다.

The Narrow and Wide Gates

7:13 "Enter through the ① narrow gate. For wide is the gate and ② broad is the *(1) road *(2) that leads to ③ destruction, and many enter through it 14 But small is the gate and narrow the *(3) road *(4) that leads to life, and only a few find it.

① **narrow**: 좁은
② **broad**: 광대한
③ **destruction**: 파괴, 파멸, 멸망

*(1) *(3) 주어의 도치
*(2) *(4) 형용사절(이 gate와 road수식)

좁은 문, 넓은 문

좁은 문으로 들어가거라. 왜냐하면 멸망으로 이끄는 문은 넓고 광대하다. 그런데 많은 사람들은 그것으로 들어간다. 허나 생명으로 이끄는 길은 작고 좁은데 그곳을 찾는 사람이 적다.

True and False Prophets

7:17 Every good tree ① bears good fruit, but a bad tree bears bad fruit. **18** A good tree cannot bear bad fruit, and a bad tree cannot bear good fruit. **19** Every tree that does not bear good fruit is cut down and thrown into the fire. **20** ③ Thus, by their fruit you will ② recognize them.

① **bear**: (아이를) 낳다, (열매를) 맺다
② **recognize**: 알아보다, 인정하다
③ **thus**: 이렇게, 이런 식으로, 따라서, 그런 까닭에

좋은 열매는 좋은 나무에서

모든 좋은 나무에서 좋은 열매를 맺지만 나쁜 나무에서 나쁜 열매를 맺는다. 좋은 나무에서 나쁜 열매를 맺을 수 없으며 나쁜 나무에서 좋은 열매를 맺을 수 없다. 좋은 열매를 맺지 않는 모든 나무는 잘려서 불속에 던져진다. 따라서 너희는 나무의 열매를 보고서 그것들을 알아볼 것이다.

Jesus ① calms the ② Storm

8:23 Then he got into the boat and his disciples followed him. **24** Without ③ warning a ④ furious storm ⑤ came up on the lake, so that the waves ⑥ swept over the boat. But Jesus was sleeping **25** The disciples went and woke him, saying, "Lord, save us! We are going to ⑦ drown!"
26 He replied, "You of little ⑧ faith, why are you so afraid?" Then he got up and ⑨ rebuked the wind and the waves, and it was ⑩ completely calm.
27 The men were ⑪ amazed and asked, "What kind of man is this? Even the winds and the waves ⑫obey him."

① calm: 고요한, 진정시키다
② Storm: 폭풍(우)
③ warning: 경고, 예고, 통고
④ furious: 사납게 몰아치는, 맹렬한
⑤ come up: 엄습하다
⑥ sweep: 청소하다, 털다
　~over: 휩쓸다, (바람)휘몰아치다
⑦ drown: 물에 빠지다
⑧ faith: 신념, 신앙, 믿음, 신뢰
⑨ rebuke: 비난하다, 꾸짖다, 징계하다
⑩ completely: 완전히
⑪ amazed: 깜짝 놀란
⑫ obey: ~에 복종하다, ~의 명령, (가르침, 소원)에 따르다

▎예수, 폭풍우 가라앉힘

그러고 나서 그는 배 안으로 들어갔는데 그의 제자들도 그를 따랐다. 예고 없이 격렬한 폭풍우가 호수에 엄습하여 파도가 배 위로 휘몰아쳤다. 그러나 예수는 잠을 자고 있었다. 제자들이 그를 깨우러 가서 "주님, 우리를 구해 주세요."라고 말했다. "우리가 물에 빠지려고 합니다." 그는 대답하기를 "믿음이 적은 자들아 왜 두려워하느냐?"라고 대답했다. 그러고 나서 그는 일어나 바람과 파도를 꾸짖었다. 그러자 완전히 잠잠해졌다. 사람들이 놀라서 "이 분이 어떤 분이시기에 바람과 파도조차 그에게 순종 하는가?" 하고 물었다.

▎잠언록

15:22 Plans fail for lack of ⑲ counsel, but with many advisers they succeed.

⑲ counsel: 의논, 협의, 조언, 권고

의논이 없으면 계획이 실패하고, 조언자들이 많으면 성공한다.

Jesus ① Restores Two Demon-Possessed Men

8:28 When he arrived at the other side in the region of the Gadarenes, two demon-possessed men coming from the tombs met him. They were *(1) so ② violent *(1) that no one could pass that way. 29 "What do you want with us, Son of God?" They shouted. Have you come here to ③ torture us before the ④ appointed time?"

30 Some distance from them a large ⑤ herd of pigs was ⑥ feeding. 31 The demons ⑦ begged Jesus, "If you ⑧ drive us out, send us into the herd of pigs."

32 He said to them, "Go!" So they came out and went into the pigs, and the whole herd ⑨ rushed down the ⑩ steep ⑪ bank into the lake and died in the water. 33 Those*(2) ⑫ tending the pigs ⑬ ran off, went into the town and reported all this, including *(3) what had happened to the demon-possessed men. 34 Then the whole town went out to meet Jesus. And when they saw him, they ⑭ pleaded with him to leave the region.

① **restore:** (건강, 의식) 회복시키다
② **violent:** 격렬한, 폭력적인
③ **torture:** (고문하여) 괴롭히다
④ **appointed:** 지정된, 정해진, 약속의
⑤ **herd:** (짐승의) 무리
⑥ **feed:** 풀을 뜯어먹다, 사료를 먹다
⑦ **beg:** 빌다, ~에게 간절히 바라다
⑧ **drive out:** 추방하다, 차로 외출하다
⑨ **rush:** 돌진하다
⑩ **steep:** 가파른
⑪ **bank:** 둑, 제방, (강, 늪의) 가, 기슭
⑫ **tend:** ~을 돌보다, ~의 경향이 있다
⑬ **run off:** 도망치다
⑭ **plead:** 간청하다(with)

*(1) so~that: 몹시~해서~하다.
*(2) [명사(대명사)+현재분사+목적어]: 현재 분사가 앞의 목적어를 수식
*(3) 명사절

귀신 들린 두 사람을 고쳐줌

예수님께서 가버나움이라는 마을 건너편에 도착했을 때 무덤에서 오는 중인 귀신 들린 두 사람을 만났다. 그들은 매우 폭력적이어서 아무도 그 길을 건너갈 수 없었다. "하느님의 아들이시어, 당신은 우리와 함께 무엇을 원하십니까?" 하고 소리쳤다. "때가 되기도 전에 우리를 괴롭히려고 여기에 오셨습니까?" 그들에게서 얼마간 떨어진 곳에서 큰 무리의 돼지 떼가 먹이를 먹고 있었다. 귀신들은 예수님께 "만일 우리를 사람들에게서 쫓아내려면 저 돼지 떼 속으로 보내주세요."라고 간청했다. 그는 그들에게 "가거라."라고 말했다. 귀신들은 그 사람들에게서 빠져나와 돼지 속으로 들어갔고 모든 돼지 떼들이 가파른 강둑으로 돌진하여 호수 속으로 들어가 물속에서 빠져죽었다. 돼지를 돌보는 사람들은 도망쳐서 마을로 들어가서 귀신 들린 사람들에게 일어났던 것을 포함하여 모든 일들을 사람들에게 이야기했다. 그러자 온 마을 사람들이 예수님을 만나러 나왔다. 그들은 예수님을 보았을 때 예수님께서 그 마을을 떠나가 달라고 간청했다.

Jesus Forgives and Heals a ① Paralyzed Man

9:1 Jesus ② stepped into a boat, ③ crossed over and came to his own town. **2** Some men brought to him a paralyzed man, lying on a mat. When Jesus saw their faith, he said to the man,"④ Take heart, son: your sins are forgiven." **3** At this, Some of the teachers of the law said to themselves, "This fellow is ⑤ blaspheming!"

① **Paralyze:** 마비시키다.
② **step:** 걷다, 걸음을 옮기다
　(~**into**): ~안으로 들어가다
③ **cross over:** 건너가다
④ **take heart:** 마음을 다시 먹다
⑤ **blaspheme:** (신성한 것에) 모독하다

예수, 중풍병 환자를 고쳐줌

예수님은 배 안으로 들어가서 그 자신의 마을로 건너갔다. 어떤 사람들은 중풍병 환자를 침상에 누인 채 그에게 데려왔다. 예수님은 그들의 믿음을 보고서 "아들아, 안심 하여라 네 죄가 용서 받았다."라고 그에게 말했다. 이것을 보고서 몇몇 율법학자들은 "이 사람이 하나님을 모독하고 있다."라고 중얼거렸다.

9:4 Knowing their thoughts, Jesus said, "Why do you ⑥ entertain evil thoughts in your hearts? **5** Which is easier: to say, 'your sins are forgiven,' or to say, 'get up and walk?' **6** But *(1) I want you to know *(2) that the Son of man has authority on earth to forgive sins." So he said to the paralyzed man, "Get up, take your mat and go home." **7** Then the man got up and went home. **8** When the crowd saw this, they were filled with ⑦ awe; and they praised God, who had given such ⑧ authority to man.

⑥ **entertain:** 대접(환대)하다, 마음에 품다
⑦ **awe:** 경외, 두려움
⑧ **authority:** 권위, 권력, 권한, (복수) 당국

*(1) 5형식 *(2) 명사절(목적어)

예수님께서는 그들의 생각을 아시고 "너희는 왜 너희 마음속으로 악한 생각을 품느냐?"라고 말했다. "'네 죄가 용서 받았다라고 하는 것과 일어나 걸어가라는 것' 중에서 어느 것이 더 쉽겠느냐? 그러나 내가 땅에서 죄를 용서할 권세를 가지고 있다는 것을 너희가 알기를 바란다." 그리하여 그는 중풍병 환자에게"일어나 침상을 갖고 집에 가거라."라고 말했다. 그때, 그 사람은 일어나 집에 갔다. 사람들이 이것을 보고서 두려움에 가득 찼었다. 그들은 사람에게 그러한 권세를 준 하나님을 찬양하였다.

The Calling of Matthew

9:9 As Jesus went on from there, he saw a man named Matthew sitting at the ① tax collector's ② booth, "Follow me." he told him, and Matthew got up and followed him. **10** While Jesus was having dinner at Matthew's house, many tax collectors and "③ sinners" came and ate with him and his disciples. **11** When the ④ Pharisees saw this, they asked his disciples, "Why does your teacher eat with tax collectors and 'sinners'?" **12** On hearing this, Jesus said, "*(1) It is not *(2) the healthy *(3) who need a doctor, but *(4) the sick. **13** But go and learn *(5) what this means: I ⑤ desire ⑥ mercy, not ⑦ sacrifice. For I have not come to call the righteous, but sinners."

① **tax collector:** 세리
② **booth:** 노점, 매점, 칸막은 작은 좌석(방)
③ **sinner:** (종교, 도덕상의)죄인
④ **Pharisees:** 바리세파 사람들, 위선, 독선
⑤ **desire:** 바라다, 욕구하다(long)
⑥ **mercy:** 자비, 연민
⑦ **sacrifice:** 희생제물, (속죄의)기도

*(1) it~(3) that(who): 강조용법
*(2) *(4) the +형용사: 복수보통명사
*(5) 명사절(목적어)

| 죄인을 부르러 옴

예수께서 그곳을 지나 계속 가시다가 마태라는 사람이 세관에 앉아있는 것을 보고서 "나를 따라 오라."고 말하자 마태가 일어나 그를 따라왔다. 예수께서 마태의 집에서 식사를 하는 동안에 많은 세리들과 죄인들이 와서 그와 그의 제자들과 함께 먹었다. 바리세파 사람들이 이것을 보고서 그의 제자들에게 "당신들의 선생은 왜 세리와 죄인들과 함께 먹느냐?"라고 물었다. 예수께서 이 소리를 듣자마자 "의사를 필요로 하는 사람은 건강한 사람들이 아니라 아픈 사람들이다."라고 말했다. 그러나 "나는 희생제물보다도 자비를 바란다."라는 말이 무슨 뜻인지 가서 배워라. 왜냐하면 나는 의로운 사람들을 부르러 온 것이 아니라 죄인들을 부르러 왔다."라고 말했다.

Jesus Raises A Dead Girl and Heals a Sick Woman

9:18 A ① synagogue leader came and ② knelt before him and said, "My daughter has just died. But come and put your hand on her, and she will live." **19** Jesus got up and went with him, and *(1) so did his disciples.
20 Just then a woman who had been ③ subject to ④ bleeding for twelve years ⑤ came up behind him and touched the ⑥ edge of his ⑦ cloak. **21** She said to herself, "If I only touch his cloak, I will be ⑧ healed."
22 Jesus turned and saw her. "Take heart, daughter," he said, "your faith has healed you." And the woman was healed from the moment.

① **synagogue leader:** 회당장
② **kneel:** 무릎을 꿇다
③ **be subject to:** ~을 받다(당하다), ~에 시달리다
④ **bleed:** 출혈하다, 출혈(혈루병)
⑤ **come up:** 다가오다
⑥ **edge:** 끝머리, 가장자리. 모서리
⑦ **cloak:** 외투
⑧ **heal:** (병, 상처, 마음의 고통을) 고치다

*(1) So do +주어(도치): ~도 또한

예수, 죽은 소녀를 살리고 아픈 여인을 고치심

회당장이 예수님 앞에 와서 무릎을 꿇고 "나의 딸이 방금 죽었다. 예수께서 와서 그 아이에게 손을 얹으면 그 애가 살아날 것이다."라고 말했다. 예수님은 일어나서 그와 함께 갔다. 그의 제자들도 함께 갔다. 바로 그때, 12년 동안 혈루병을 알아왔던 여인이 예수님의 뒤로 다가가 그의 옷깃을 만졌다. 그녀는 "내가 그분의 옷을 만지기만 한다면 나을 것이다."라고 중얼거렸다. 예수께서는 뒤돌아서 그녀를 보고서 "딸아, 안심하라, 너의 믿음이 너의 병을 고쳤다."라고 말했다. 그리고 그 여인은 그 즉시 병이 나았다.

9:23 When Jesus entered the synagogue leader's house and saw the ① noisy ② crowd and people playing pipes, **24** he said, "Go away. The girl is not ④ dead but ⑤ asleep." But they ⑥ laughed at him.

25 After the crowd had been put outside, he went in and took the girl by the hand, and she got up. **26** News about this ⑦ spread through all that region.

① **noisy:** 시끄러운
② **crowd:** 군중, (사람의) 붐빔, 다수
③ **pipe:** 피리, 관악기
④ **dead:** 죽은
⑤ **asleep:** 잠들어 있는
⑥ **laugh at:** ~을 보고 웃다, 비웃다
⑦ **spread:** 퍼지다.〈과거, 과거분사〉

예수께서 회당장의 집에 들어갔을 때, 시끄러운 무리들이 있었고 사람들이 피리를 불고 있는 것을 보았다. "저리 가라. 소녀는 죽지 않고 잠들어 있다."라고 말했다. 그러나 사람들은 그를 비웃었다. 무리들을 밖으로 내보낸 후에 그는 들어가서 소녀의 손을 잡았다. 그리고 그녀는 일어났다. 이것에 대한 소문이 온 동네 사방으로 퍼져나갔다.

Jesus Heals the ① Blind and ② Mute

9:27 As Jesus went on from there, two blind men followed him, calling out, "Have mercy on us, Son of David!"

28 When he had gone indoors, the blind men came to him, and he asked them, "Do you believe *(1) that I am able to do this?" "Yes, Lord," they replied.

29 Then he touched their eyes and said, "According to your faith *(2) let it be done to you" **30** and their ④ sight was ⑤ restored. Jesus warned them ⑥ sternly, "⑦ See *(3) that no one knows about this." **31** But they went out and spread the news about him all over that region.

32 While they were going out, a man who was demon-possessed and could not talk was brought to Jesus. **33** When the demon was ⑧ driven out, the man who had been mute spoke. The crowd was amazed and said, "Nothing like this had ever been seen in Israel." **34** But the Pharisees said, "*(4) It is by the ⑨ prince of demons *(4) that he drives out demons."

① **blind:** 눈먼, 덮어 가리는 물건
② **mute:** 벙어리
③ **indoor:** 실내의,
　　(~s): 실내에(서)
④ **sight:** 시력
⑤ **restore:** (건강, 의식) 회복하다
⑥ **sternly:** 엄격히, 단호하게
⑦ **See:** (~이~하도록) 마음을 쓰다,
　　조처하다(~to it)that~
⑧ **drive out:** (적 등을) 쫓아내다,
　　몰아내다
⑨ **prince:** 왕자, 제1인자

*(1) *(3): 명사절(목적어)
*(2) 5형식
*(4) it〈가주어〉~
　(4)that〈진주어:명사절〉: 강조용법

▌ 예수, 맹인과 벙어리를 고침

예수께서 그곳을 떠나갈 때, 두 맹인들이 그를 따라와 "다윗의 자손이여, 우리들에게 자비를 베풀어 주소서"라고 소리 질렀다. 그가 실내에 들어갔을 때, 맹인들이 들어왔다. 그는 그들에게 "너희는 내가 이것을 할 수 있다고 믿느냐?"라고 물었다. "그렇습니다. 주님"이라고 대답했다. 그러고 나서 그는 그들의 눈을 만졌다. "너희 믿음대로 그것이 너희에게 이루어지라."라고 말했고 그들의 시력이 회복되었다. 예수는 그들에게 "아무도 이것에 대하여 모르도록 하여라."라고 엄격히 경고를 했다. 그러나 그들은 밖에 나가서 그에 대한 소문을 사방에 퍼뜨렸다. 그들이 밖에 나가는 동안에 귀신 들려 말을 할 수 없는 한 남자가 예수께 데려왔다. 귀신이 몰아내졌을 때, 벙어리였던 그 남자는 말을 했다. 사람들은 놀래서 "이스라엘에서 예전에 이런 일이 일어난 적이 없었다."라고 말했다. 그러나 바리세인들은 "그가 귀신을 몰아낸 것은 우두머리 귀신의 힘으로 한 것이다."라고 말했다.

Jesus Sends The Twelve

26 There is nothing ① concealed *(1) that will not be⑯ disclosed, or ② hidden *(2) that will not be made known. **27** ③ Rather, be afraid of the one who can destroy both soul and body in hell. **32** Whoever ④ acknowledges me before others, I will also acknowledge him before my Father in heaven. **33** But whoever disown me before others, I will ⑤ disown him before my Father in heaven.

① **conceal:** 숨기다, 비밀로 하다
② **disclose:** 드러내다, 폭로하다
③ **Rather:** 오히려, 어느 쪽인가 하면
④ **acknowledge:** 인정하다, 도착(수령)을 통지하다
⑤ **disown:** 부인하다

*(1) *(2): 형용사절

▌열두제자들을 선택하심

드러나지 않아 숨겨지거나 알려지지 않아 감추어질 것은 아무것도 없다. 오히려 지옥에서 영혼과 육신을 모두 파괴할 수 있는 분을 두려워하라. 누구든지 사람들 앞에서 나를 인정한 사람은 하늘에 있는 나의 아버지 앞에서 그를 인정할 것이다. 그러나 사람들 앞에서 나를 부인하는 사람은 누구든지 하늘에 있는 나의 아버지 앞에서 그를 부인할 것이다.

▌잠언록

16:1 To humans belong the plans of the heart, but from the Lord comes the proper answer of the tongue.

마음의 계획은 사람이 세우지만 그 일을 이루시는 분은 여호와이시다.

Jesus and John the Baptist

11:1 After Jesus had finished instructing his twelve disciples, he went on from there to teach and preach in the towns of Galilee.

2 When John, who was in prison, heard about the deeds of the Messiah, he sent his disciples **3** to ask him, "Are you the one *(1) who is to come, or should we expect someone else?"

4 Jesus replied, "Go back and report to John *(2) what you hear and see: **5** The blind receive sight, the ① lame walk, those who have leprosy are ② cleansed, the ③ deaf hear, the ④ dead are raised, and the good news is proclaimed to the ⑤ poor. **6** Blessed is anyone who does not ⑥ stumble ⑦ on account of me.

7 As John's disciples were leaving, Jesus began to speak to the crowd about John: "What did you go out into the wilderness to see?"

A ⑧ reed ⑨ swayed by the wind? **8** If not, what did you go out to see? A man ⑩ dressed in fine clothes? No, those who wear fine clothes are in king's palaces? **9** Then what did you go out to see? A prophet? **10** This is the one about whom it is written: "I will send my ⑪ messenger ahead of you, who will prepare your way before you."

① **lame:** 절름발이의, 불구의
② **cleanse:** 정결하게 (깨끗이) 하다
③ **deaf:** 귀먹어리의, 귀먹은
④ **dead:** 죽은
⑤ **poor:** 가난한, 가엾은, 불쌍한
⑥ **stumble:** 넘어지다
⑦ **on account of:** ~때문에, ~한 이유로
⑧ **reed:** 갈대
⑨ **sway:** 흔들다, 흔들리다
⑩ **dress:** 옷을 입다, 옷을 입히다
⑪ **messenger:** 사자, 심부름꾼

*(1) 형용사절, (예정,운명의) 부정사
*(2) 명사절(목적어)

예수와 세례자 요한

예수께서 그의 제자들을 가르치고 나서 그곳을 떠나 갈릴리 여러 지역에서 가르치고 전도하러 다녔다. 감옥에 있었던 세례자 요한이 예수께서 하시는 일에 대하여 들었을 때, 그는 그의 제자들을 보내서 예수님이 오신다고 했던 분인지 아니면 우리가 그 밖의 다른 분을 기다려야 하는지 물어보았다. 예수께서 대답하기를 "돌아가서 네가 보고 들은 것을 요한에게 말하라. 보지 못한 사람이 보고, 절름발이가 걷고 문둥병자가 깨끗해지고 귀머거리가 듣고 죽은자가 살아나며 복음이 불쌍한 사람들에게 전해진다고 하여라. 나 때문에 넘어지지 않는 사람은 복이 있다." 요한의 제자들이 떠나고 있는 중에 예수는 요한에 대하여 사람들에게 말하기 시작했다. "무엇을 보기 위해서 광야에 나갔느냐? 바람에 의해서 흔들리는 갈대이냐? 아니면 무엇을 보러 나갔느냐? 화려한 옷을 입은 사람을? 아니다, 화려한 옷을 입은 사람은 궁전에 있다. 그러면 무엇을 보러 나갔느냐? 예언자?" 그렇다. 바로 이 분은 "내가 네 앞에 사자를 보내겠다. 그는 네 앞에서 너의 길을 준비할 것이다."라고 성경에 쓰여 있다.

The Father Reveals in the Son

11:27 All things have been ② committed to me by my Father. No one knows the Son except the Father, and no one knows the Father except the Son and those to whom the Son chooses to ③ reveal him.
28 Come to me, *(1) all you who are weary and ④ burdened, and I will give you rest. **29** ⑥ Take my ⑤ yoke upon you and learn from me, for I am ⑦ gentle and ⑧ humble in heart, and you will find rest for your souls. **30** For my yoke is easy and my burden is ⑨ light.

① **weary:** 피로한, 싫증난
② **commit:** 위임하다, 맡기다
③ **reveal:** (숨겨졌던 것을) 드러내다
④ **burden:** 무거운 짐(을 지우다)
⑤ **yoke:** 멍에, 속박, 지배
⑥ **take:** 가지고 가다, 데리고 가다
⑦ **gentle:** 온화한, 유순한
⑧ **humble:** 겸손한
⑨ **light:** 가벼운

*(1) 호격(문장의 도치)

아버지가 아들한테 드러남

모든 것들은 나의 아버지에 의해서 나에게 맡겨졌다. 아무도 나의 아버지 이외에는 아들을 모른다. 아무도 아들과 그를 드러내기 위하여 아들이 선택하는 사람들 이외에는 아버지를 모른다. 지치고 힘든 너희들 모두 나에게 오라. 내가 너희를 쉬게 하여 주겠다. 나의 멍에를 가져가서 나로부터 배워라. 왜냐하면 나는 마음이 겸손하고 온유해서 너희는 너의 영혼을 위한 쉼을 얻을 것이다. 왜냐하면 나의 멍에는 쉽고 나의 짐은 가볍기 때문이다.

Jesus and Beelzebul

12:32 Anyone who speaks a word against the Son of Man will be forgiven, but anyone who speaks against the Holy Spirit will not be forgiven, either in this ② age or in the age to come.

33 *(1) Make a tree good and its fruit will be good, or make a tree bad and its fruit will be bad, For a tree is ③ recognized by its fruit.

35 The good man ④ brings good things ④ out of the ⑤ good stored up in him, and the evil man brings evil things out of the ⑥ evil stored up in him **36** But I tell you that everyone will have to give ⑦ account on the day of judgement for every ⑧ empty word *(2) they have spoken.

37 For by your words you will be ⑨ acquitted, and by your words you will be ⑩ condemned.

① **Beelzebul**: (성경) 마왕 〈바알세블〉
② **age**: 시대(의 사람들), 세대
③ **recognize**: 알아보다, 인지하다
④ **bring out**: 나타내다, 내놓다
⑤ **good**: 선, 이익
⑥ **evil**: 해악
⑦ **account**: 설명, 이유, 책임을 지다
⑧ **empty**: 공허한, 헛된, 쓸데없는
⑨ **acquit**: 석방하다, 무죄로 하다
⑩ **condemn**: ~에게 유죄판결을 내리다

*(1) 5형식
*(2) 형용사절

▌예수님과 바알세블

나(예수)에 대해서 모독하는 사람들은 용서받을 것이나 성령에 대하여 모독하는 사람들은 누구나 이 시대에서든지 다음 시대에서든지 용서받지 못할 것이다. 나무를 좋게 만들어라, 그렇면 열매는 좋을 것이다. 또는 나무를 나쁘게 만들어라, 그러면 그의 열매는 나쁠 것이다. 왜냐하면 나무는 열매를 보고 알아볼 수 있기 때문이다. 좋은 사람은 그 안에 쌓은 선에서 좋은 것을 나타내고 악한 사람은 그 안에서 쌓은 악한 것을 나타낸다. 그러나 나는 너희에게 말하노니 사람들이 내뱉는 쓸데없는 말에 대하여 심판의 날에는 책임을 져야 할 것이다. 왜냐하면 네 말에 의해서 너희는 무죄가 되기도 하고 네 말에 의해서 유죄 판결이 내려질 것이기 때문이다.

The Sign of Jonah

12:43 When an evil spirit comes out of a person, it goes through ① arid places seeking rest and does not find it. **44** Then it says, "I will return to the house I left." When it arrives, *(1) it finds the house ② unoccupied, swept ③ clean and ④ put in order. **45** Then it goes and takes with it seven other spirits more ⑤ wicked than itself, and they go in and live there. And the final condition of that man is ⑥ worse than the first. That is *(2) how it will be with this wicked ⑦ generation.

① **arid:** 건조한, 불모의, 바싹 마른
② **unoccupied:** (집, 토지) 임자 없는, 점거되지 않는
③ **clean:** 깨끗이 〈부사〉
④ **put in order:** 정돈된
⑤ **wicked:** 악한, 사악한, 심술궂은
⑥ **worse:** (bad, ill의 비교급) 보다 나쁜, (병이) 악화된
⑦ **generation:** 세대(의 사람들)

*(1) 5형식 *(2) 명사절(보어)

요나와 같은 증거

악령이 어떤 사람에게서 나와 쉼터를 찾아서 바싹 마른 곳을 여기저기 다닌다. 그런데 그런 곳을 찾지 못한다. 그러면 "내가 떠났던 집으로 돌아가겠다."라고 말한다. 그 집에 도착해서는 그곳이 비어있고, 깨끗하게 청소되어 있고 정돈되어 있다는 것을 알게 된다. 그러고 나서 그 자신보다 더 사악한 일곱의 다른 악령을 함께 데리고 간다. 그리고 거기에 들어가 산다. 그 사람의 마지막 상황은 처음보다 훨씬 나쁘다. 그렇게 해서 악령이 이 사악한 시대와 함께 있게 되는 것이다.

Jesus' Mother and Brothers

12:46 While Jesus was talking to the crowd, his mother and brothers stood outside, wanting to speak to him. **47** Someone told him, "Your mother and brothers are standing outside, wanting to speak to you." **48** He replied to him, "who is my mother, and who are my brothers?" **49** ① Pointing to his disciples, he said, "Here are my mother and my brothers. **50** For whoever ② does the will of my Father in the heaven is my brother and sister and mother."	① **point:** 가리키다(to) ② **do:** 행하다, 수행(실행,이행)하다

예수님의 어머니와 형제들

예수님이 사람들에게 말하고 있는 동안에 그의 어머니와 형제들이 그에게 말을 건네고 싶어 하면서 밖에서 서 있었다. 어떤 이가 그에게 "당신의 어머니와 형제들이 당신에게 말을 하고 싶어 하면서 밖에서 서 있다."라고 말했다. 그는 그에게 "누가 나의 어머니이고 형제들이냐?" 라고 대답했다. 그의 제자들을 가리키면서 그는 "여기에 나의 어머니와 형제들이 있다."라고 말했다. 왜냐하면 누구든지 하늘에 계신 나의 아버지의 뜻을 행하는 사람이면 나의 형제 자매 어머니이기 때문이다.

잠언록

17:13 ① Evil will never leave the house of one who ② pays back evil for good. 배은망덕하면 재앙이 그의 집에서 늘 떠나지 않을 것이다.	① **evil:** 해악, 재해, 불행, 병 ② **pays back:** 돈을 갚아주다, 보복하다

The ① Parable of the ② Sower

13:3 A farmer went out to sow his seed. **4** As he was ③ scattering the seed, some fell ④ along the path, and the birds came and ⑤ ate it up. **5** Some fell on ⑥ rocky places, where it did not have much ⑦ soil. It ⑧ sprang up quickly, because the soil was ⑨ shallow. **6** When the sun came up, the plants were ⑩ scorched and they ⑪ withered because they had no root. **7** Other seed fell among ⑫ thorns, which grew up and ⑬ choked the plants. **8** ⑭ Still other seed fell on good soil, where it produced a ⑮ crop- a hundred, sixty or thirty times what was sown.

20 The seed falling on rocky grounds refers to someone who hears the word and at once receives it with joy. **21** But since they have no root, they ⑯ last only a short time. **23** But the seed falling on good soil refers to someone who hears the word and understands it. This is the one who produces a crop, ⑰ yielding a hundred, sixty or thirty what was sown.

① **parable**: 우화, 비유
② **sower**: 씨를 뿌리는 사람(기계)
③ **scatter**: (씨를)뿌리다, 흩어버리다
④ **along the path**: 길가에
⑤ **eat up**: 먹어 없애다, 써버리다
⑥ **rocky**: 바위(돌)가 많은
⑦ **soil**: 흙, 토양
⑧ **spring**: 튀어 오르다(up), 싹이 트다
⑨ **shallow**: 얕은
⑩ **scorch**: 시들게 하다, 말라죽게 하다
⑪ **wither**: 시들다, 시들어 죽다
⑫ **thorn**: 가시덤불
⑬ **choke**: 질식시키다
⑭ **still**: 아직도, 허지만, 그럼에도
⑮ **crop**: 수확, 농작물, 곡물
⑯ **last**: 계속(지속)하다, 오래가다
⑰ **yield**: (농작물을) 산출하다

씨를 뿌리는 사람의 비유

농부가 씨를 뿌리려 밖에 나갔다. 그가 씨를 뿌리고 있을 때 어떤 것은 길가에 떨어졌다. 그리하여 새들이 그것을 먹어 없앴다. 어떤 것은 돌이 많은 곳에 떨어졌는데 그곳에는 흙이 많지 않았다. 땅이 얕았기 때문에 빨리 튀어 올라왔다. 해가 뜨자 뿌리가 없었기 때문에 시들어 버렸다. 또 어떤 씨앗은 가시덤불 사이에 떨어졌는데 그것들은 자라서 식물들을 질식시켰다. 하지만 좋은 땅에 떨어진 씨앗도 있었는데 그곳에서는 뿌렸던 씨앗의 100배, 60배, 30배로 곡물을 산출했다. 돌이 많은 땅에 뿌린 떨어지는 씨앗은 말을 듣고 그것을 즉시 기쁘게 받아들이는 어떤 사람을 언급한다. 그러나 그런 사람들은 뿌리가 없기 때문에 짧은 시간 동안만 지탱한다. 그러나 좋은 땅에 떨어지는 씨앗은 말을 듣고 그것을 이해하는 사람에 대한 언급이다. 이 사람은 곡물을 산출해서 뿌려진 씨앗의 100배, 60배, 30배를 산출한다.

The Parables of the Mustard Seed and the Yeast

13:31 The kingdom of heaven is like a ① mustard seed, which a man took and ② planted in his field. **32** Though it is the smallest of all your seeds, yet when it grows, it is the largest of garden plants and becomes a tree, so that the birds of the air come and ③ perch in its branches. **33** The kingdom of heaven is like ④ yeast that a woman took and ⑤ mixed into a large amount of flour until it ⑥worked all through the ⑦ dough.

① **mustard seed**: 겨자씨
② **plant**: 심다
③ **perch**: 횟대(에 앉다)
④ **yeast**: 누룩, 거품(이 일다)
⑤ **mix**: 혼합하다, 섞다
⑥ **work**: 가공되다, 발효되다
⑦ **dough**: 가루반죽

겨자씨와 누룩의 비유

하늘나라는 겨자씨와 같다. 어떤 사람이 들에 갖고 가서 심는다. 모든 씨앗 중에서 가장 적지만 자라면 정원의 식물 중에서 가장 큰 나무가 되어 그렇게 해서 공중의 새들이 와서 나뭇가지에 앉는다. 하늘나라는 어떤 여인이 가져다가 많은 양의 밀가루에 섞게 되면 모든 가루반죽이 발효되어 부풀어 오르는 누룩과 같다.

The Parable of the Weeds Explained

13:37 The one who sowed the good seed is the Son of Man. **38** The field is the world, and the good seed ① stands for the people of the kingdom. The weeds are the people of the evil one, **39** and the enemy who sows them is the ② devil. The ③ harvest is the end of the age, and the ④ harvesters are angels.
40 *(1) As the ⑤ weeds are pulled up and burned in the fire, *(1) so it will be at the end of age. **41** The Son of Man will send out his angels, and they will ⑥ weed out of his kingdom everything that causes sins and all who do evil. **42** They will throw them into the ⑦ fiery ⑧ furnace, where there will be ⑨ weeping and ⑩gnashing of teeth.
43 The righteous will ⑪ shine like the sun in the kingdom of their Father.

① **stand for:** 나타내다, 뜻하다
② **devil:** 마귀
③ **harvest:** 수확, 추수
④ **harvester:** 일꾼
⑤ **weed:** 잡초
⑥ **weed:** 잡초를 뽑다, 제거하다(out)
⑦ **fiery:** 불타는
⑧ **furnace:** 아궁이, 화덕
⑨ **weep:** 흐느끼다
⑩ **gnash:** (이를) 악물다
　~**one's teeth:** (분노, 유감)이를 악물다
⑪ **shine:** 빛나다

*(1) as~so:~처럼 ~이다.

잡초의 비유 설명

좋은 씨를 뿌리는 사람은 하나님의 아들이다. 들판은 세상이다. 좋은 씨는 하늘나라의 사람들을 뜻한다. 잡초는 악한 사람들이다. 악한 사람을 심는 원수는 마귀이다. 수확은 시대의 끝이고 일꾼들은 천사들이다. 잡초는 뽑혀서 불에 태워지는 것처럼 세상의 마지막 날에도 그렇게 될 것이다. 하늘의 아들이 그의 천사들을 내보내서 죄와 악을 행하는 모든 것을 하늘나라에서 제거할 것이다. 천사들이 그것들을 불타는 아궁이에 던져버릴 것이다. 그곳에서는 흐느끼고 이를 악물고 있을 것이다.

The Parable of the ① Hidden Treasure and the ② Pearl

13:44 The kingdom of heaven is like treasure hidden in a field. When a man found it, he hid it again, and then in his joy went and sold all he had and bought that field. **45** Again, the kingdom of heaven is like a ③ merchant looking for fine pearls. **46** When he found one of great *(1) value, he went away and sold everything *(2) he had and bought it.

① **treasure and pearl:** 보배와 진주
② **pearl:** 진주
③ **merchant:** 상인

*(1) of +추상명사: 형용사(valuable)
*(2) 형용사절

숨겨진 보물과 진주의 비유

하늘나라는 밭에 숨겨진 보물과 같다. 어떤 이가 그것을 발견했을 때, 그것을 다시 숨겨 놓았다. 그리고 나서 기뻐서 나가 그가 가지고 있었던 모든 것을 팔아서 그 밭을 샀다.

또한 하늘나라는 좋은 진주를 찾는 상인과 같다. 그는 아주 값진 것 중의 하나를 발견했을 때 그가 나가서 그가 가지고 있었던 모든 것을 팔아서 그것을 샀다.

The Parable of the net

13:47 The kingdom of heaven is like a net *(1) that was ① let down into the lake and caught all kinds of fish. **48** When it was full, the fishermen pulled it up ② on the shore and collected the good fish in baskets, but threw the bad away. **49** This is *(2) how it will be at the end of the age. The angels will come and ③ separate the wicked from the righteous and throw them into the ④ fiery ⑤ furnace, where there will be weeping and gnashing of teeth.

① **let down:** (잡아) 내리다
② **on the shore:** 육지(뭍)에
③ **separate:** 분리하다
④ **fiery:** 불의, 불 같은
⑤ **furnace:** 아궁이, 화덕

*(1) 형용사절
*(2) 명사절(보어)

▌고기 잡는 그물의 비유

하늘나라는 호수에 던져 온갖 물고기를 잡은 그물과 같다. 그물이 가득 차 있을 때, 어부가 그것을 육지로 끌어 당겨, 좋은 고기는 바구니에 담고 나쁜 것은 던져 버렸다. 세상 끝 날에도 이렇게 될 것이다. 천사들이 와서 의로운 사람들 가운데서 사악한 사람들을 잘라서 떼어 놓을 것이다. 그리고 그들을 불덩이 속으로 던져 버릴 것이다. 그곳에는 흐느낌과 고통스럽게 이를 갈고 있을 것이다.

John the ① Baptist ② Beheaded

14:1 At that time Herod the ③ tetrarch heard the reports about Jesus, **2** and he said to his ④ attendants, "This is John the Baptist; he has ⑤ risen from the dead! That is why miraculous powers are ⑥ at work in him.

3 Now Herod had ⑦ arrested John and ⑧ bound him and put him in prison because of Herodias, his brother Philip's wife, **4** for John had been saying to him: "It is not ⑨ lawful for you to have her." **5** Herod wanted to kill John, but he was afraid of the people, because *(1) they ⑩ considered him a prophet.

6 On Herod's birthday the daughter of Herodias danced for them and pleased Herod *(2) so much *(2) that **7** he promised with an ⑪ oath to *(3) give her whatever she asked. **8** ⑫ Prompted by her mother, she said, "Give me here on the ⑬ platter the head of John the Baptist."

9 The king was ⑭ distressed, but because of his oaths and his dinner guests, he ⑮ ordered that her request *(4) be ⑯ granted **10** and *(5) had John beheaded in the prison. **11** His head was brought in on a platter and given to the girl who carried it to her mother. **12** John's disciples came and took his body and ⑰ buried it. Then they went and told him.

① **baptist:** 세례자
② **behead:** 목을 베다, 참수하다
③ **tetrarch:** 영주
④ **attendant:** 시중드는 사람
⑤ **rise:** 다시 살아나다
⑥ **at work:** 작동(작용)하다
⑦ **arrest:** 붙들다, 체포(구속)하다
⑧ **bind:** 묶다, 결박하다
⑨ **lawful:** 합법의, 정당한, 타당한
⑩ **consider:** ~을 ~으로 생각하다
⑪ **oath:** 맹세, 서약, (법정의)선서
⑫ **prompt:** 신속한, 자극(촉구)하다
⑬ **platter:** 쟁반
⑭ **distress:** 비탄, 고민, 괴롭히다
⑮ **order:** ~에게 명령(지시)하다
⑯ **grant:** 주다, 승인하다, 허가하다
⑰ **bury:** 묻다

*(1) 5형식
*(2) so~that: 몹시 ~해서 ~하다
*(3) 형용사구, 4형식
*(4) should 생략
*(5) 5형식

212

세례자 요한의 죽음

그때 헤롯왕이 예수에 대한 소식을 들었다. 그래서 그는 신하들에게 "이 사람이 세례자 요한이다. 그가 죽은 자 가운데서 살아난 사람이다. 그래서 기적적인 힘이 그에게서 작동된다. 헤롯은 예전에 자기의 동생 빌립의 아내 헤로디아 때문에 요한을 체포하여 그를 결박하여 감옥에 넣었던 것이다. 왜냐하면 요한이 당신이 그녀를 갖는 것은 정당하지 않다고 말해왔었기 때문이다. 헤롯은 요한을 죽이고 싶었지만 그는 사람들이 두려웠다. 사람들이 요한을 예언자라고 생각했기 때문이다. 헤롯의 생일날에 헤로디아의 딸은 그들을 위해서 춤을 추었고 헤롯을 아주 기쁘게 해서 그는 그녀에게 그녀가 요청하는 것은 무엇이든지 그녀에게 주겠다고 맹세코 약속했다. 그녀는 그녀의 어머니로부터 독촉을 받자, 그녀는 "여기 쟁반에 세례자 요한의 머리를 저에게 가져 오세요."라고 말했다. 왕은 고민이 되었지만 그의 맹세와 식사 손님들 때문에 그는 그녀의 요청이 허가되도록 명령했고 요한의 감옥에서 참수되도록 했다. 그의 머리를 쟁반 위에 놓아 가져 왔고 그것을 그녀의 어머니에게 들고 온 그 딸에게 주었다. 요한의 제자들이 와서 시체를 가져가 묻었다. 그들은 예수께 와서 그 소식을 전했다.

Jesus Feeds the Five Thousand

14:13 When Jesus heard *(1) what had happened, he withdrew by boat ① privately to a ② solitary place. Hearing on this, the crowds followed him on foot from the towns. **14** When Jesus landed and saw a large crowd, he had ③ compassion on them and healed their ④ sick.

15 As evening approached, the disciples came to him and said, "this is a ⑤ remote place, and it's already getting late. ⑥ Send the crowds away, *(2) so they *(2) can go to the villages and buy themselves some food."

16 Jesus replied, "They do not need to go away. *(3) You give them something *(4) to eat." **14:19** We have here only five ⑦ loaves of bread and two fish," they answered.

① **privately:** 내밀히
② **solitary:** 고독한, 적막한, 외진
③ **compassion:** 불쌍히 여김, 동정심
④ **sick:** (보통 the~) 환자
⑤ **remote:** 먼, 인가에서 떨어진, 외딴
⑥ **send:** 떠나게 하다, 멀리 가지러 보내다
⑦ **loaf:** 덩어리

*(1) 명사절(목적어)
*(2) so 〈that 생략〉 ~can: ~할 수 있도록
*(3) 4형식
*(4) 형용사구

▎예수 5천 명을 먹임

예수가 일어났던 일을 들었을 때, 그는 배를 타고 내밀히 외진 곳으로 물러갔다. 사람들은 이 소식을 듣자마자 마을에서 걸어서 그를 따라왔다. 예수가 배에서 내리자 많은 사람들이 보였다. 그는 그들을 불쌍히 여겨 아픈 사람들을 고쳐 주었다. 밤이 다가옴에 따라 제자들이 그에게 와서 "이곳은 외딴 곳이고 벌써 늦은 시간이 되고 있습니다. 사람들을 보내 그들이 마을로 가서 그들 스스로 먹을 것을 사도록 하죠."라고 말하자 예수는 "멀리 보낼 필요가 없다. 너희가 그들에게 먹을 것을 좀 주어라."라고 대답했다. 그들은 "우리는 여기에 빵 5덩어리와 물고기 두 마리밖에 없다"라고 대답했다.

18 Bring them here to me. And *(1) he ① directed the people to sit down on the grass. Taking the five loaves and the two fish and looking up to the heaven, he gave thanks and broke the loaves. Then he gave them to the disciples. and the disciples gave them to the people. **20** They all ate and were ② satisfied, and the disciples ③ picked up twelve ④ basketfuls of broken pieces that were ⑤ left over. **21** The number of those who ate was about five thousand men, ⑥ besides women and children.

① **direct:** ~에게 명령(지시)하다
② **satisfy:** 충족시키다,(식욕) 채우다
③ **pick: ~up:** 줍다, 집다, 도중에 태우다, 차로 마중 나가다
④ **basketful:** 바구니 가득
④ **leave:** 남기다, 남기고(두고)가다, 놓아두다~
   over: 남기다
⑥ **besides:** 그 밖에, ~외에, ~을 제외하고

*(1): 5형식

그는 "그것들을 여기 나한테 가져오라."라고 하며 사람들에게 잔디에 앉으라고 지시했다. 빵 5덩어리와 물고기 두 마리를 갖고서 하늘을 바라보며 감사의 기도를 하고 빵을 쪼개었다. 그리고 나서 그것들을 제자들에게 주었고 제자들은 그것들을 사람들에게 주었다. 그들 모두 배불리 먹었다. 제자들은 남겨져 부서진 조각을 12바구니 가득히 모았다. 먹었던 사람들의 수가 여자와 어린 애들 이외에도 5천 명이었다.

Jesus Walks on the Water

32 And when they ⑭ climbed into the boat, the wind ⑮ **14:22** *(1) Jesus made the disciples get into the boat and go on ahead of him to the other side, ① while he ② dismissed the crowd. 23 After he had dismissed them, he went up on a mountainside by himself to pray. Later that night, he was there alone, 24 But the boat was already at a ③ considerable ④ distance, from land, ⑤ buffeted by the waves because the wind was ⑥ against it. 25 Shortly before dawn, Jesus went out to them, walking on the lake. 26 When *(1) the disciples saw him walking on the lake, they were ⑦ terrified. "It is a ⑧ ghost," they said, and cried out in ⑨ fear. 27 But Jesus immediately said to them: "Take courage! It is I. Don't be afraid."

28 "Lord, if it's you," Peter replied, *(2) "Tell me to come to you on the water."

29 "Come," he said.

Then Peter ⑩ got down out of the boat, walked on the water and came toward Jesus. But when he saw the wind, he was afraid and, beginning to ⑪sink, cried out "Lord, ⑫ save me."

31 Immediately Jesus ⑬ reached out his hand and caught him. "You of little faith," he said, "Why did you " 32 And when they ⑭climbed into the boat, the wind ⑮died down. 33 Then those who were in the boat worshipped him, saying, "Truly you are the Son of God."

① **while:** ~하는 동안, 한편으로는
② **dismiss:** (집회, 대회) 해산시키다
③ **considerable:** 상당한
④ **distance:** 거리, 먼 데
⑤ **buffet:** (풍파, 운명이) 들볶다
  ~wave: 파도와 싸우면서 나아가다
⑥ **against:** ~을 향하여, ~에 부딪혀
⑦ **terrify:** 겁나게 하다, 놀래다
⑧ **ghost:** 귀신
⑨ **fear:** 두려움, 공포
⑩ **get down:** ~에서 내려나오다(off)
⑪ **sink:** 가라앉다
⑫ **save:** (위험에서) 구하다
⑬ **reach:** ~에 도착(도달)하다, 손발을 뻗치다(for, toward)
⑭ **climb into:** 기어오르다
⑮ **die down:** 점점 조용해지다

*(1) *(2): 5형식

예수, 물위를 걸음

예수께서는 그가 사람들을 해산시키고 있는 동안에 제자들에게는 배 안으로 들어가서 그보다 먼저 건너편으로 가도록 했다. 그는 사람들을 해산시킨 이후에 기도하기 위해서 홀로 산중턱으로 올라갔다. 그날 밤 좀 늦게까지 그는 거기에서 홀로 있었다. 그러나 배는 이미 육지에서 상당히 먼 데서 바람이 배를 향해서 불어왔기 때문에 파도에 의해서 힘겹게 되었다. 새벽 직전에 예수는 호수 위로 걸으면서 그들에게 갔다. 제자들이 그가 호수 위에서 걷는 것을 보았을 때, 그들은 겁이 났다. 그들은 "귀신이다."라고 말하고 두려워서 소리 질렀다. 그러나 예수는 즉시 그들에게 "안심해라. 나다. 두려워 마라"라고 말했다. 베드로는 "주여, 정말 주님이시라면, 저에게 물위로 주님께 오라고 말씀해주세요."라고 대답했다. 예수께서는 "오거라."라고 말했다. 그때 베드로는 배 밖으로 내려와서 물위로 걸어서 예수 쪽으로 왔다. 그러나 그가 바람을 보았을 때 그는 두려웠고 가라앉기 시작하면서 "주님, 살려 주십시오" 하면서 소리를 질렀다. 즉시 예수님은 그의 손을 뻗쳐서 그를 붙잡았다. 그는 "믿음이 적은 자야, 왜 의심했느냐?"라고 말했다. 그들이 배 안으로 기어올랐을 때 바람이 점점 조용해졌다. 그때 배 안에 있던 사람들은 "당신은 진실로 하나님의 아들입니다."라고 말하면서 그에게 경배했다.

34 When they had ⑮ crossed over, they landed at Gennesanet. **35** And when the men of that place recognized Jesus, they sent word to all the ⑯ surrounding country. People brought all their sick to him **36** and *(3) ⑰ begged him to *(4) let the sick just touch ⑱ the edge of his cloak, and all who touched him were healed.

⑮ **cross:** (강, 다리) 건너(가)다
⑯ **surrounding:** 주위의, 부근의 〈보통 복수〉(주위) 환경
⑰ **beg:** 부탁하다, 간절히 바라다
⑱ **the edge of his cloak:** 옷깃

*(3) *(4): 5형식

그들이 호수를 건넜을 때 게네사넷에 이르렀다. 그곳의 사람들이 예수를 알아보았을 때, 그들은 모든 주위의 마을에 말이 전해졌다. 사람들은 모든 병자들을 그에게 데려왔고 병자들이 그에게 그의 옷깃이라도 손을 대게 하도록 간청했고 손을 댄 사람들은 모두 병이 고쳐졌다.

잠언록

13:22 A good person leaves an ① inheritance for their children's children, but a sinner's wealth is stored up for the righteous.

① **inheritance:** 상속재산, 유산

선한 사람은 자기 재산을 후손 만대에 물려주지만 죄인의 재산은 의인에게 돌아간다.

16:3 ② Commit to the Lord whatever you do, and he will establish your plans.

② **commit:** 위임하다, 맡기다

너의 일을 여호와께 맡겨라, 그러면 너의 계획이 성공할 것이다.

Clean and Unclean

15:10 *(1) What goes into someone's mouth does not *(2) make them unclean, but what comes out of their mouth, that is *(3) what makes them unclean.
17 Don't you see (4) that whatever enters the mouth goes into the stomach and then out of the body? **18** But the things that come out of a person's mouth come from the heart, and *(5) these make them unclean. **19** For out of the heart come evil thoughts, murder, adultery, sexual ① immorality, ② theft, ③ false ④ testimony, ⑤ slander. **20** These are *(6) what make a person ⑥ unclean; but eating with unwashed hands does not make them unclean.

① **immorality:** 성적 부도덕, 음란
② **theft:** 도둑질, 절도죄
③ **false:** 틀린, 잘못된, 거짓(허위)의
④ **testimony:** (선서)증언〈법정〉, 증언 (전문가 등의) 보고, (종교) 신앙고백
⑤ **slander:** 중상, 비방, 명예훼손
⑥ **unclean:** 불결한, 더러운, 부정한

*(1) 명사절(주어) *(2) 5형식
*(3) 명사절(보어) *(4) 3형식(that이하)
*(5) 5형식 *(6) 명사절:보어

깨끗하고 더러운 것

어떤 사람의 입으로 들어가는 것이 사람들을 더럽게 하는 것이 아니라 그들의 입에서 나오는 것, 그것이 그들을 불결하게 하는 것이다. 입으로 들어가는 것은 무엇이든지 배로 들어가서 그리고 나서 몸 밖으로 나오지 않느냐? 그러나 사람의 입 밖으로 나오는 것은 마음에서 나오는 것이고 이런 것들이 그들을 더럽게 하는 것이다. 왜냐하면 마음에서 악한 생각, 살인, 간음, 성적 음란, 도둑질, 거짓, 증언, 비방 등이 생기는 것이다. 이런 것들이 사람을 더럽히는 것이다. 씻지 않는 손으로 먹는 것이 사람들을 더럽히는 것이 아니다.

Peter Declares That Jesus is the Messiah

16:13 When Jesus came to the region of ① Caesarea ② Philippi, he asked his disciples, "Who do people say the Son of Man is?"

14 They replied, "Some say John the Baptist; others say Elijah; and ③ still others, Jeremiah or one of the prophets."

15 "But what about you?" he asked.

"Who do you say I am?"

16 Simon Peter answered, "You are the Messiah, the Son of the Living God."

17 Jesus replied, "Blessed are you, Simon son of Jonah, for this was not ④ revealed to you by ⑤ flesh and blood, but by my Father in heaven. **18** And I tell you that you are Peter, and on this rock I will build my church, and the gates of ⑥ Hades will not ⑦ overcome it. **19** I will give you the keys of the kingdom of heaven; whatever you ⑧ bind on earth will be bound in heaven and whatever you ⑨ loose on earth will be loosed in heaven.

20 Then *(1) he warned his disciples not to *(2) tell anyone *(3) that he was the Messiah.

① **Caesarea:** caesar (로마황제)의
② **Philippi:** 빌립보
③ **still:** 아직(도), 여전히, 그럼에도
④ **reveal:** (숨겨졌던 것이) 드러나다, 알리다, 폭로하다
⑤ **flesh:** 살(뼈, 가죽에 대하여), 육체
~**and blood:** 혈육
⑥ **Hade:** 지옥
⑦ **overcome:** 이겨내다, 극복하다
⑧ **bind:** 묶다, 얽메다, 구속하다
⑨ **loose:** 풀다, 자유롭게 하다

*(1) 5형식
*(2) 4형식(tell 이하)
*(3) 3형식(that 이하: 명사절)

베드로, 예수 구세주 공언

예수가 빌립보 가이사라 지역에 왔을 때, 그는 제자들에게 "사람들이 내가 누구라고 말하느냐?"라고 물었다. 그들은 "세례자 요한이라고 말하는 사람도 있고 엘리아라고 말하는 사람도 있습니다. 그리고 아직도 예언자의 한 분인 예레미아라고 말하는 사람들도 있습니다."라고 대답했다. "너희는 어떻게 생각하느냐? 너희는 나를 누구라고 하느냐?"라고 그는 물었다. 시몬 베드로는 "주님은 구세주이시며 살아있는 하나님의 아들입니다."라고 대답했다. 예수께서는 "요나의 아들, 시몬아, 네가 복되도다. 왜냐하면 이것은 혈육이 너희에게 알려준 것이 아니고 하늘에 있는 나의 아버지께서 너에게 알려준 것이다."라고 대답했다. 그리고 "내가 너에게 말한다. 너는 베드로다. 이 반석 위에 나의 교회를 짓겠다. 지옥의 문이 이것을 이겨내지 못할 것이다. 내가 너에게 하늘나라의 열쇠를 주겠다. 네가 땅에서 묶이게 되는 것은 무엇이든지 하늘에서도 묶여 있을 것이요, 네가 땅에서 풀어진 것은 무엇이든지 하늘에서도 풀어질 것이다." 그리고 나서 그는 제자들에게 그가 구세주라는 것을 아무에게도 말하지 말라고 주의를 주었다.

Jesus ① Predicts His Death

16:²¹ From that time, Jesus began to explain to his disciples that he must go to Jerusalem and ③ suffer many things at the hands of the ④ elders, ⑤ chief priests and teachers of the law, and that he must be killed and on the third day be ⑥ raised to life.

²² Peter ⑦ took him aside and began to ⑧ rebuke him. "Never, Lord!" he said. "This shall never happen to you!"

²³ Jesus turned and said to Peter, "Get behind me, Satan! You are a ⑨ stumbling block to me; You do not have in mind the ⑩ concerns of God, but merely human concerns."

²⁴ Then Jesus said to his disciples, "Whoever wants to be my disciples, he must ⑫ deny themselves and ⑬ take up their cross and follow me."

²⁵ For whoever wants to save his life will lose it, but whoever loses his life for me will find it. ²⁶ What ⑭ good will it be for someone if he gains the whole world, yet ⑮ forfeit its soul? Or what can anyone give in ⑯ exchange for their soul? ²⁷ For the Son of Man is going to come in his Father's ⑰ glory with his angels, and then he will reward each person according to what they have done.

① **predict:** 예언하다, 예보하다
② **on:** 계속하여
③ **suffer:** (고통, 변화)경험하다, 받다
④ **elder:** 장로
⑤ **chief priest:** 제사장
⑥ **raise to life:** 다시 살아나다
⑦ **took(him)aside:** 옆으로 불러가다
⑧ **rebuke:** 비난하다, 나무라다
⑨ **stumbling:** 주저하는 망설이는
　　~ block: 방해물, 장애물
⑩ **concern:** 관계, 이해관계, 〈복수〉관심사
⑪ **come after:** 따르다
⑫ **deny:** 부정하다, 인정하지 않다
　　~oneself: 헌신하다
⑬ **take up cross:** 고난을 감수하다
⑭ **good:** 이익 〈소용〉
⑮ **forfeit:** (죄,과실 등에 의해서) 상실하다, 몰수되다
⑯ **exchange:** 교환하다, 바꾸다
　　in exchange for: ~와 교환으로
⑰ **glory:** 영광, 명예, 큰 기쁨
　　in one's~: 득의의 절정에

예수, 그의 죽음 예언

그때부터 그의 제자들에게 예루살렘에 가서 그가 장로, 대제사장, 율법학자들의 손에서 많은 것을 겪어야 하고 그리고 그는 죽임을 당해서 3일째 되는 날 다시 살아나실 것임을 설명하기 시작했다. 베드로는 그를 옆으로 데리고 가서 그를 나무라기 시작했다. "주님, 절대로 안 됩니다. 이것은 절대 주님께 일어나지 않도록 하겠습니다."라고 말했다. 예수는 뒤돌아서 베드로에게 "사탄아, 내 뒤로 물러나라, 너는 나에게 장애물이다. 너는 하느님의 관심사에는 마음이 없고 인간 관심사만 생각하는구나." 그러고 나서 그는 그의 제자들에게 "나의 제자가 되기를 원하는 사람은 누구든지 자신을 희생해서 고난을 감수하고 나를 따라야 한다."라고 말했다. "왜냐하면 자기의 목숨을 구하고자 하는 자는 누구든지 그것을 잃을 것이지만 나 때문에 자기의 목숨을 잃는 자는 누구든지 목숨을 얻을 것이다. 누군가 온 세상을 얻었으나 영혼을 잃으면 무슨 소용이 있겠느냐? 사람이 무엇과 영혼을 바꿀 수 있겠느냐? 왜냐하면 나(예수)는 천사와 함께 아버지의 영광 속에서 올 것이고 그리고 나서 사람들이 행한 것에 따라서 각 자에게 보답을 해줄 것이다."

The ① Transfiguration

17:1 After six days Jesus took with him Peter, James and John the brother of James, and led them up a high mountain ② by themselves. **2** There he was transfigured before them. His face ③ shone like the sun, and his clothes became as white as the light. **3** Just then *(1) there appeared before them Moses and Elijah, talking with Jesus.

4 Peter said to Jesus, "Lord, it is good for us to be here. If you want, I will put up three ③ shelters- one for you, one for Moses and for Elijah."

5 While he was still talking, a bright cloud ④ enveloped them, and a voice from the cloud said, "This is my Son, whom I love; with him I am well pleased. Listen to him!"

① **transfiguration**: 변형, 변모
② **by oneself**: 혼자서, 혼자 힘으로
③ **shine**: 빛나다
③ **shelter**: 피난장소, 은신처, 천막
④ **envelope**: 싸다, 봉하다

*(1) 주어의 도치

▎영광스러운 모습으로 변환

6일 후에 예수는 그와 함께 베드로, 야고보, 야고보의 동생 요한을 데리고 각자 높은 산으로 올라갔다. 거기서 그는 그들 앞에서 변모했다. 그의 얼굴은 태양처럼 빛났고 그의 옷은 빛처럼 하얗게 되었다. 바로 그때 그들 앞에 나타났는데 모세와 엘리아가 예수와 함께 말하고 있었다. 베드로가 예수께 "주님, 우리가 여기에 있으니 좋습니다. 예수님께서 원하신다면 세 개의 천막을 쳐서 하나는 예수님, 모세와 엘리아에게 하나씩 말입니다. 그가 여전히 말하고 있는 동안에 밝은 구름이 그들을 에워쌌고 구름에서 "이 사람이 나의 아들이다. 내가 사랑하고 매우 기뻐하는 아들이다. 그의 말을 들어라."라는 목소리가 들렸다.

▎잠언록

16:9 In their hearts humans plan their course but the Lord establishes their steps.

사람은 자기 마음에 앞날을 계획하지만 그 걸음을 정하시는 이는 여호와이시다.

17:6 When the disciples heard this, they ⑤ fell ⑥ facedown to the ground, ⑦ terrified. **7** But Jesus came and touched them. "Get up," he said "Don't be afraid" **8** When they looked up, they saw no one except Jesus.

9 As they were coming down the mountain, Jesus instructed them, *(1) "Don't tell anyone what you have seen, *(2) until the Son of Man has been raised from the dead."

10 The disciples asked him, "Why then do the teachers of the law say that Elijah must come first?"

11 Jesus replied, "To be sure, Elijah comes and will ⑧ restore all things. **12** But I tell you, Elijah has already come, and they did not recognize him, but have done to him everything they wished. In the same way the Son of Man is going to suffer at their hands." **13** Then the disciples understood that he was talking to them about John the Baptist.

⑤ **fall:** 엎드리다.
   ~down: (땅에) 엎드리다
⑥ **facedown:** 얼굴을 아래로 향하고
⑦ **terrify:** 겁나게 하다, 놀래다
⑧ **restore:** 부흥(부활)하다, 복구(재건, 복원)하다

*(1) 4형식
*(2) 부사절(때를 나타내는 부사절에서는 현재가 미래를 대신한다. 현재완료가 미래완료를 대신하고 있음)

제자들이 이 말을 들었을 때, 놀래서 땅에 엎드렸다. 그러나 예수가 와서 그들을 어루만지며 "일어나라, 두려워 하지마라."라고 말했다. 그들이 올려다볼 때, 예수 이외에는 아무도 보이지 않았다. 그들이 산에서 내려오면서 예수는 그들에게 "너희가 보았던 것을 내가 죽은 자 가운데서 살아날 때까지는 아무에게도 말하지 마라."라고 지시했다. 제자들은 그에게 "그러면 율법학자들은 왜 엘리아가 먼저 와야 한다고 말합니까?" 하고 물었다. 예수는 "분명히 엘리아가 와서 모든 것을 회복할 것이다. 그러나 너희에게 말하건대 엘리아는 이미 왔는데 사람들이 그를 알아보지 못하고 자기들 마음대로 하였다. 이와 같이 나도 사람들의 손에 고통을 당할 것이다. 그때 제자들이 그가 세례자 요한을 두고 말하고 있다고 이해했다.

Jesus Heals a ① Demon-Possessed Boy

17:14 When they came to the crowd, a man approached Jesus and knelt before him.

15 "Lord, have mercy on my son," he said. "He has seizures and is suffering greatly. He often falls into the fire or into the water. **16** I brought him to your disciples, but they could not heal him."

17 "You unbelieving and ② perverse generation," Jesus replied, how long shall I ③ put up with you? Bring the boy here to me. **18** Jesus rebuked the demon, and it came out of the boy, and he was healed from that moment. **19** Then the disciples came to Jesus ④ in private and asked, "Why couldn't we drive it out?"

20 He replied, "Because you have so little faith. I tell you the truth, if you have faith as small as a mustard seed, you can say to this mountain, 'Move from here to there' and it will move. Nothing will be impossible for you."

① **demon:** 악마, 귀신
② **perverse:** 외고집의, 사악한
③ **put up with:** ~을(지긋이) 참다
④ **in private:** 내밀히, 사생활상
⑤ **come together:** 모이다
⑥ **deliver:** 인도하다, 넘겨주다
⑦ **fill:** 채우다, (마음을) 채우다(~with)
⑧ **grief:** 슬픔, 비탄, (古)고통

귀신 들린 소년 고침

그들이 사람들에게 왔을 때, 한 남자가 예수께 접근해서 그 앞에 무릎을 꿇었다. "주님, 나의 아들에게 자비를 베풀어 주세요."라고 말했다. "이 아이가 간질에 걸려서 고통이 심합니다. 그는 자주 불이나 물속에 떨어집니다. 그 아이를 당신의 제자들에게 데려가 봤지만 고치지 못했습니다." 예수는 "믿음이 없고 외고집의 세대여, 얼마나 오랫동안 너희를 참아내야 하느냐?"라고 대답했다. "그 소년을 이곳 나한테 데려오라." 예수가 귀신을 꾸짖었고 귀신이 그 소년에게서 나왔다. 그리고 그는 즉시 나았다. 그때, 제자들이 개인적으로 예수께 와서 "왜 우리는 귀신을 쫓아낼 수 없었을까요?" 하고 물었다. 그는 "믿음이 아주 별로 없기 때문이다. 진실로 말하건대 네가 겨자씨만큼의 적은 믿음만 있다면 너희는 이 산에 '여기서 저기로 옮겨라'라고 하면 그것이 옮겨질 것이다. 너희에게 불가능한 것은 아무것도 없다."라고 대답했다.

The Greatest in the Kingdom of Heaven

18:1 At that time Disciples came to Jesus and asked, "Who is the greatest in the kingdom of heaven?"
2 He called a little child to him and ① placed the child among them. **3** and he said: Truly I tell you, unless you change and become like little children, you will never enter the kingdom of heaven. **4** Therefore, whoever ① takes the ② lowly position of this child is the greatest in the kingdom of heaven. **5** And whoever welcomes one such child in my name welcomes me. **6** "If *(1) anyone ③ causes one of these little ones -those who ④ believe in me- to stumble, *(2) it would be better *(3) for them *(4) to *(5) have a large ⑤ millstone ⑥ hung around his neck and *(6) to be ⑦ drowned in the ⑧ depth of the sea.

① **place**: 두다, 놓다, 배치하다
② **lowly**: 낮은(신분, 지위 따위), 자기를 낮추는, 겸손한
③ **cause**: 원인, ~의 원인이 되다, ~으로 하여금 ~하게하다
④ **believe**: 믿다. 존재를 믿다(in)
~in God: 신의 존재를 믿다
⑤ **millstone**: 맷돌
⑥ **hang**: 매달다
⑦ **drown**: 물에 빠뜨리다
⑧ **depth**: 깊은 곳

*(1) *(5): 5형식
*(2) 가주어 *(3) 의미상의 주어
*(4) *(6): 진주어

하늘나라에서 가장 높은 사람

그때 제자들이 예수께 와서 "하늘나라에서는 누가 가장 높은 사람입니까?"라고 물었다. 그는 어린 애를 그에게 불러서 그 애를 사람들 가운데 놓고 "진실로 말하건대 너희가 변화해서 작은 애들처럼 되지 않으면 너희는 결코 하늘나라에 못 들어갈 것이다. 그러므로 이 아이처럼 자신을 낮추는 사람이 하늘나라에서 가장 높은 사람이다. 그리고 누구든지 나의 이름으로 이와 같은 어린아이를 환영하는 사람은 나를 환영하는 것이다. 누구든지 나를 믿는 어린아이들 중의 어느 하나라도 넘어지게 한다면 그 사람들은 큰 맷돌을 목에 매달려 바닷물 깊은 곳에 빠트리는 것이 더 낳을 것이다."라고 했다.

The Parable of the ① Wandering Sheep

18:10 See that you do not ② despise one of these little ones. For I tell you that their angels in heaven always see the face of my Father in heaven.
12 "What do you think? If a man owns a hundred sheep, and one of them wanders away, will he not leave the ninety-nine on the hills and go to look for the one that wandered off? **13** and he finds it, I tell you the truth, he is happier about that one sheep than about the ninety-nine that did not wander off. **14** In the same way your Father in heaven is not ③ willing that any of these little ones *(1) should ④ perish.

① **wander**: 돌아다니다, 방황하다(about)
　~off: 길을 잃다
② **despise**: 멸시하다, 얕보다
③ **willing**: 기꺼이 ~하다
　***unwilling**: 내키지 않는, 본의가 아닌
④ **perish**: 죽다, 멸망하다

*(1) 주절이 요청, 주장, 권유, 명령, 소망을 나타내는 경우에 종속절 that 이하에서는 should이 온다.

▌길 잃은 양의 비유

이 어린아이의 어느 하나라도 업신여기지 않도록 하여라. 왜냐하면 내가 너희에게 말하노니 하늘에 있는 그들의 천사들은 항상 하늘에 있는 나의 아버지의 얼굴을 보기 때문이다. "너희는 어떻게 생각 하느냐? 만일 어떤 사람이 100마리의 양을 갖고 있는데 그 중의 한 마리가 길을 잃고 있다면 그는 99마리의 양은 언덕 위에 놔두고 길 잃은 그 양을 찾으러 다니지 않겠느냐? 그리고 그는 그 양을 찾는다. 진실로 말하건대 그는 길을 잃지 않은 99마리의 양보다 그 한 마리에 더 행복해한다. 이와 같이 이 어린아이 어느 하나라도 잃어버리는 것은 하늘에 계신 너의 아버지의 뜻이 아니다."

Dealing with Sin in the Church

18:15 If your brother or sister sins against you, go and ① point out his ② fault, just between the two of you. If they listen to you, you have ③ won them over.

① **point**: 지시하다, 지적하다(out)
② **fault**: 과실, 잘못, 결점
③ **win**: 이기다, 얻다, 설득하다(over), 마침내 자기편으로 끌어들이다
④ **ask**: 묻다, 요구(청구)하다
　~for: ~을 청구하다
⑤ **do**: 실행(이행)하다, 다하다, 도움이 되다, 소용이 되다

▎교회에서 죄를 지은 사람에 대하여

만일 네 형제자매가 너에 대하여 죄를 짓는다면 가서 단둘이 있을 때 잘못을 지적하여라. 그들이 네 말을 들으면 너희는 그들을 설득한 것이다. 내가 진실로 말하건대 만일 땅에서 너희들 두 사람이 구하는 어떤 것에 대하여 함께하면 그것은 하늘에 있는 나의 아버지께서 그들을 위해서 이루게 할 것이다. 왜냐하면 나의 이름으로 2~3명이 모이는 곳에 그곳에 나도 그들과 함께 있기 때문이다.

The Parable of the ① Unmerciful Servant

18:21 Then Peter came to Jesus and asked, "Lord, how many times, shall I forgive my brother or sister who sins against me? Up to seven times?"

22 Jesus answered, "I tell you," not seven times, but seventy-seven times.

23 "Therefore, the kingdom of heaven is like a king who wanted to ② settle ③ accounts with his servants. **24** As he began the settlement, a man who owed him ten thousand bags of gold was brought to him. **25** Since he was not able to pay, the master ordered that he and his wife and his children and all that he had *(1)be sold to repay the debt.

26 "At this the servant ③ fell on his knees before him. 'Be ④ patient with me,' he begged, 'and I will ⑤ pay back everything,' **27** The servant's master ⑥ took pity on him, canceled the debt and ⑦ let him go.

28 But when that servant went out, he found one of his fellow servants who ⑧ owed him a hundred silver coins. He ⑨ grabbed him and began to ⑩ choke him. 'Pay back what you owe me!' he ⑪ demanded.

29 "His fellow servant ⑫ fell to his knees and begged him, Be patient with me, and I will pay it back."

30 But he refused, Instead, he went off and had the man thrown into the prison until he could pay the debt. **31** When the other servant saw *(2) what had happened, they were greatly ⑬ outraged and went and *(3) told their master everything *(4) that had happened.

32 Then the master called the servant in. 'You wicked servant' he said, "I canceled all that debt of yours because you ⑭ begged me to. **33** *(5) Shouldn't you have had mercy on your fellow servant just as I had on you?

34 In anger his master ⑮ handed him over to the ⑯ jailers to be tortured, until he should pay back all he owed.

35 "This is *(6) how my heavenly Father will ⑰ treat each of you ⑱ *(7) unless you forgive your brother or sister from your heart.

① **unmerciful**: 무자비(잔혹)한,
② **settle**: 정리하다, 정산하다
③ **account**: 계산, 셈, 계정
③ **fall on one's knees**: 무릎을 꿇다
④ **patient**: 인내심이 강한, 끈기 있는, 근면한, 부지런한
⑤ **pay back**: 돈을 갚아 주다
⑥ **took pity on**: ~을 불쌍히 여기다
⑦ **l et~go**: 해방(석방)하다, 놓아주다
⑧ **owe**: ~에게 빚지다
⑨ **grab**: 움켜잡다, 붙잡다
⑩ **choke**: 질식시키다, 숨막히게 하다
⑪ **demand**: 요구하다, 청구하다
⑫ **fall to one's knees**: 무릎을 꿇다
⑬ **outrage**: 격분시키다
⑭ **beg**: (돈, 허가, 은혜 등) 빌다
⑮ **hand**: 건네(넘겨)주다
⑯**j ailer**: 교도관, 간수
⑰ **treat**: 다루다, 대우하다
⑱ **unless**: ~하지 않는다면

*(1) should 생략(주절이하 order에 유의)
*(2) 명사절(목적어)
*(3) 4형식
*(4) 형용사절
*(5) should의 과거형
*(6) 명사절(보어)
*(7) 부사절

잔혹한 하인 비유

그때 베드로가 예수께 와서 "주님, 나에게 죄를 지은 형제자매에게 몇 번이나 용서를 해야 할까요? 일곱 번까지요?"라고 물었다. 예수는 "너희에게 말하노니, 일곱 번이 아니라 77번까지도 용서해야 한다."라고 대답했다. 그러므로 하늘나라는 왕이 그의 종과 결산하고 싶었던 왕과 같다. 왕이 결산을 시작할 때, 왕에게 1만 달란트 빚진 종이 그에게 불려왔다. 빚진 종이 갚을 수 없어 주인은 그와 그의 아내, 그의 애들과 그가 갖고 있었던 모든 것들을 빚을 갚기 위해서 팔도록 명령했다. 이 말을 듣고서 종은 주인 앞에서 무릎을 꿇었다. 그는 "기다려 달라. 모두 갚겠다."라고 간청했다. 종의 주인은 그를 불쌍히 여겨 빚을 탕감하고 그를 놓아주었다. 그러나 그 종이 밖에 나갈 때 그에게 백 데나리온의 빚을 진 동료 하인을 만났다. 그는 그를 움켜잡고 그를 숨 막히게 하기 시작했다. "나에게 빚진 것을 갚아라."라며 요구했다. 그의 동료하인은 그의 무릎을 꿇고 그에게 "조금 기다려 달라, 갚겠다."라고 했다. 그러나 그는 거절하고 대신에 가버렸다. 그리고 그 하인이 빚을 갚을 때까지 감옥에 집어놓았다. 다른 하인이 일어났던 일을 보았을 때, 동료 종들이 아주 격분해서 주인한테 가서 있었던 모든 일을 주인에게 말했다. 그 때 주인은 그 하인을 불러들여 "이 사악한 종아, 나는 너의 모든 빚을 탕감해주었다. 네가 그렇게 해달라고 했기 때문이다. 내가 너에게 해주었던 것과 똑같이 너도 너의 동료 종에게 자비를 베풀어 주었어야 하지 않느냐? 격노해서 그의 주인은 고통을 받게 하기 위해서 그가 빚진 모든 것을 갚을 때까지 간수에 넘겼다. "이와 같이 네가 네 형제자매를 마음으로 용서하지 않는다면 나의 하늘에 계신 아버지는 너희들 각자를 이런 식으로 하신다."

Divorce

19:4 At the beginning *(1) the ① Creator made them male and female. **5** For this reason a man will leave his father and mother and be united to his wife, and the two will become one ② flesh. **6** So they are ③ no longer two, but one. Therefore *(2) what God has ④ joined together,*(3) let no one ⑤ separate. **8** Moses *(4) ⑥ permitted you to divorce your wives because your hearts were hard. **9** *(5) I tell you that anyone who divorces his wife, except for sexual ⑧ immorality, and marries another woman ⑦ commits adultery.

① creator: 창조자, 조물주, 신
② flesh: 살, 육체
③ no longer: 이미 ~아니다
④ join: 결합하다, 연결하다
⑤ separate: 분리하다, (사람) 떼어놓다, (갈라)별거시키다
⑥ permit: 허락하다, 허가하다
⑦ immorality: 부도덕, 음란
⑧ commits adultery: 간음하다

*(1)(2)(3)(4): 5형식 *(5) 4형식
*(2) 목적어〈장 문장〉 도치

▌ 이혼

태초에 창조자가 인간들을 남자와 여자로 만들었다. 이런 이유 때문에 남자는 자기의 아버지와 어머니를 떠나 그의 아내와 결합될 것이다. 그래서 두 사람이 하나의 육체가 될 것이다. 그렇게 해서 그들은 이미 둘이 아니라 하나이다. 그러므로 하나님이 함께 결합시킨 것을 사람이 떼어놓게 하지 마라. 모세가 너희에게 이혼을 허락한 것은 네 마음이 힘들기 때문이었다. 누구나 아내가 음행한 이유 이외에 아내와 이혼하고 다른 여인과 결혼하는 사람은 간음을 한 것이다.

The Rich and the kingdom of God

19:16 Just then a man ① came up to Jesus and asked, "Teacher, what good thing must I do to get eternal life?" **17** "Why do you ask me about *(1) what is good." Jesus replied. "There is only One who is good. If you want to enter life, ② keep the ③ commandments." **18** "Which ones?" He ④ inquired.

Jesus replied, "Do not ⑤ murder, do not commit adultery, do not ⑥ steal, do not give ⑦ false testimony, **19** ⑧ honor your father and mother' and 'love your neighbor as yourself.'"

20 "*(2) All these I have kept," the young man said. "What do I still ⑨ lack?"

21 Jesus answered, "If you want to be ⑩ perfect, go, sell your ⑪ possessions and give to the poor, and you will have treasure in heaven. Then come, follow me."

22 When the young man heard this, he ⑫ went away sad, because he had great ⑬ wealth.

23 Then Jesus said to his disciples, "Truly I tell you, *(3) It is hard *(4) for someone who is rich *(5) to enter the kingdom of heaven **24** Again I tell you, *(6) it is easier *(7) for a camel *(8) to go through the eye of a ⑭ needle than *(9) for someone who is rich *(10) to enter the kingdom of God." **29** And everyone who has left houses or brothers or sisters or father or mother or children or fields for my sake will receive a hundred times ⑮ as much and will ⑯ inherit eternal life. **30** But many who are first will be last, and many who are last will be first.

① **come up to:** ~의 쪽으로 오다, ~에 이르다
② **keep:** 지키다, 보관하다
③ **commandment:** 계명
④ **inquire:** 묻다, 문의하다
⑤ **murder:** 살인하다
⑥ **steal:** 훔치다, 도둑질하다
⑦ **false:** 그릇된, 잘못된, 거짓의
⑧ **honor:** 존경(존중)하다 (respect) 경의를 표하다
⑨ **lack:** 부족(want), ~이 결핍하다
⑩ **perfect:** 완전한, 결점이 없는
⑪ **possession:** 소유물, (복수) 재산
⑫ **go away:** 가다, 떠나다
⑬ **wealth:** 부, 재산
⑭ **needle:** 바늘
⑮ **as much:** (바로) 그만큼(정도)
⑯ **inherit:** (재산, 권리 따위를) 상속하다

*(1) 명사절(전치사의 목적격)
*(2) 목적어의 도치
*(3) *(6): 가주어(it)
*(4) *(7) *(9): 의미상의 주어(for)
*(5) *(8) *(10): 진주어(to)

▎부자와 하늘나라

바로 그때, 한 남자가 예수 쪽으로 와서 "영생을 얻으려면 무슨 선한 일을 해야 합니까?" 하고 물었다. 예수는 "너희는 나에게 왜 선한 것에 관하여 묻느냐? 선한 이는 오직 한 분뿐이시다." "네가 생명을 얻기를 원한다면 계명을 지켜라."라고 대답했다. "그는 어떤 계명입니까?" 하고 물었다. 예수는 "살인하지 마라, 간음하지 마라, 도둑질하지 마라, 거짓 증언하지 마라, 네 부모를 공경하라, 네 이웃을 네 자신처럼 사랑하여라." 라고 대답했다. 젊은이는 "이 모든 것을 지켰습니다. 내가 아직도 무엇이 부족합니까?"라고 말했다. 예수는 "네가 완전해지길 원한다면 가서 너의 재산을 팔아 가난한 사람들에게 주어라, 그러면 너희는 하늘의 보물을 갖게 될 것이다. 그리고 나서 나를 따르라."라고 대답했다. 젊은이는 이 말씀을 듣고 슬퍼하며 떠나갔다. 그는 큰 재산이 있었기 때문이다. 그러고 나서 예수는 제자들에게 "진실로 말하건대 부자가 하늘나라에 들어가는 것은 어렵다. 다시 말해서 부자가 하늘나라에 들어가는 것보다 낙타가 바늘구멍에 들어가는 것이 더 쉽다."라고 대답했다. "나를 위하여 집, 형제와 자매, 부모와 자식, 그리고 밭을 버리는 사람은 백배로 보상을 받을 것이며 영원한 생명을 상속받을 것이다. 허나 먼저 된 자가 나중 되고 나중 된 자로서 먼저 될 자가 많을 것이다."라고 대답했다.

Jesus Again Predicts his Death

20:18 We are going up to Jerusalem, and the Son of Man will be delivered over to the chief priests and the teachers of the law. They will ① condemn him to death **19** and will hand him over to the ② Gentiles to be ③ mocked and ④ flogged and ⑤ crucified. On the third day he will be raised to life.

① **condemn:** 비난하다, ~에게 유죄판결을 내리다
② **Gentile:** 이방인, 이교도
③ **mock:** 조롱하다, 놀리다
④ **flog:** 매질하다, 채찍질하다
⑤ **crucify:** 십자가에 못 박다

| 예수, 다시 죽음 예언

우리는 예루살렘으로 올라갈 것이다. 나(예수)는 대제사장과 율법학자들에게 넘겨질 것이다. 그들은 나를 사형판결을 내려서 이방인들에게 넘겨져 놀림당하고, 채찍질 당해서 십자가에 못 박힐 것이다. 삼일 째 날에 다시 살아날 것이다.

A Mother's Request

20:26 Whoever wants to become great among you must be your servant, **27** and whoever wants to be first must be your ① slave- **28** just as the Son of Man did not come to be ② served, but to serve, and to give his life as a ③ ransom for many.

① **slave:** 노예
② **serve:** 섬기다
③ **ransom:** 몸값, 배상금

| 어머니의 부탁

너희 중에서 크게 되고자 하는 사람은 누구나 섬기는 자가 되어야 한다. 너희 가운데서 첫째가 되고자 하는 자는 내(예수)가 섬김을 받기 위해서 온 것이 아니라 섬기려고 왔으며 많은 사람을 위하여 몸값으로서 나의 생명을 줄려고 온 것과 똑같이 너희의 종이 되어야 한다.

Two ① Blind Men Receive ② Sight

20:29 As Jesus and his disciples were leaving ③ Jerico, a large crowd followed him. **30** Two blind men were sitting by the roadside, and when they heard that Jesus was going by, they ④ shouted, "Lord, Son of David, have mercy on us!"

31 The crowd rebuked them and*(1)told them to be quite, but they shouted ⑤ all the louder, "Lord, Son of David, have mercy on us!"

32 Jesus stopped and called them. "What do *(2) you want me to do for you?" he asked.

33 "Lord," they answered, "we want our sight."

34 Jesus had ⑥ compassion on them and touched their eyes. Immediately they ⑦ received their sight and followed him.

① blind: 눈 먼, the~: 소경꾼
② sight: 시력, 시각
③ Jerico: 여리고
④ shout: 소리지르다.
⑤ all the+비교급: 그 만큼 더, 더욱더
　　loud: 큰 목소리의
⑥ compassion: 불쌍히 여김, 동정
　　have~on: ~을 불쌍히 여기다
⑦ receive: 받다, 수령하다

*(1) *(2): 5형식

▎맹인, 시력을 얻음

예수님과 그의 제자들이 여리고를 떠나려고 할 때, 큰 무리들이 그를 따라 갔다. 두 맹인이 길가에 앉아 있었다. 예수님이 지나가는 중이라는 것을 들었을 때, 그들은 "주님, 다윗의 자손이여, 저희들을 불쌍히 여겨 주십시오!"라고 소리쳤다. 무리가 그들을 꾸짖고 그들에게 조용히 하라고 말했다. 하지만 그들은 더욱더 큰 소리로 "주님, 다윗의 자손이여, 우리를 불쌍히 여기소서!"라고 외쳤다. 예수는 가던 길을 멈추고 그들을 불렀다. "내가 너희들을 위하여 무엇을 하기를 원하느냐?"라고 물었다. "주님, 우리는 눈을 뜨기를 원합니다."라고 대답했다. 예수님은 그들을 불쌍히 여기고 그들의 눈을 만졌다. 그 즉시 그들은 그들의 시력을 회복하고 그를 따랐다.

Jesus at the Temple

21:12 Jesus entered the temple courts and drove out all who were buying and selling there. He ① overturned the tables of the money changers and the benches of those selling ② doves. **13** "It is written," he said to them, "'My house will be called a house of prayer,' but *(1) you are making it a ③ 'den of robbers.'"

14 The ④ blind and the ⑤ lame came to him at the temple, and he healed them. **15** But when the chief priests and *(2) the teachers of the law saw the wonderful things he did and the children shouting in the temple courts "⑥ Hosana to the Son of David," they were ⑦ indignant.

① **overturn:** 뒤집어 엎다
② **dove:** 비둘기
③ **den of robber:** 강도 소굴
④ **blind:** 눈 먼, 맹목적인, 덮어 가리는 물건, 차양
⑤ **lame:** 절름발이의, 불구의
⑥ **hosana:** 신을 찬미하는 말
⑦ **indignant:** 분개한, 성난

*(1) 5형식

예수, 성전에서

예수는 성전에 들어가서 거기서 사고파는 모든 사람들을 쫓아냈다. 그는 돈 바꿔주는 사람들의 상과 비둘기를 파는 사람들의 의자들을 둘러엎었다. "'나의 집은 기도의 집이다.'라고 성경에 기록되어 있는데 너희는 그것을 '강도의 소굴'로 만들고 있다."라고 했다. 성전에 있는 맹인과 절름발이가 그에게 오자 그는 그들을 고쳐주었다. 그러나 대제사장과 율법학자들이 그가 했던 놀라운 일과 어린이들이 성전에서 "다윗의 자손이여 호산나"라고 외치는 것을 보고서 화가 났었다.

The ① Authority of Jesus Questioned

21:23 Jesus entered the ② temple courts, and while he was teaching, the chief priests and the elders of the people came to him. "By what authority are you doing these things?" they asked. "And who gave you this authority?"
24 Jesus replied, "I will also ask you one question. If you answer me, *(1) I will tell you by what authority I am doing these things. **25** John's baptism -where did it come from? Was it from heaven, or of human origin?" They discussed it among themselves and said, "If we say, 'From heaven,' he will ask, 'Then why didn't you believe him?' **26** But if we say, of human ③ origin' - we are afraid of the people, for they all ④ hold that John was a prophet."
27 So they answered Jesus, "We don't know." Then he said, "*(2)Neither will I tell you by what authority I am doing these things.

① **authority:** 권한
② **temple courts:** 신전건물
③ **origin:** 기원, 원천, 유래, 원인
④ **hold:** 주장하다, 생각하다

*(1) 4형식
*(2) neither:~도(또한) 아니다 〈문장의 도치〉

▌예수의 권한 질문받음

예수가 성전에 들어갔다. 그가 가르치고 있는 동안에 대제사장들과 장로들이 그에게 와서 "당신이 무슨 권한으로 이런 일들을 하고 있느냐"라고 물었다. 예수는 내가 너희에게 질문 하나 하겠다. 만일 네가 대답한다면 내가 무슨 권한으로 이런 것을 하는지 나도 말하겠다. "요한의 세례가 어디에서 왔느냐? 하늘로 부터 온 것이었느냐? 아니면 사람에게서 온 것이냐?" 그들은 서로 그것을 의논했다. "우리가 하늘에서 온 것이라고 대답한다면 그는 우리에게 '왜 그를 믿지 않았느냐?'고 물을 것이다. 그러나 우리가 '사람에게서 온 것'이라고 말한다면 백성들이 두렵다. 왜냐하면 모든 사람들이 요한이 선지자임을 믿고 있기 때문이다."라고 말했다. 그래서 그들은 "우리들은 모른다."라고 예수께 대답했다. 그러자 예수께서는 "그러면 나도 너희에게 어떤 권한으로 이런 일을 하는지 말하지 않겠다."라고 말했다.

The Parable of the Wedding Banquet

22:2 The kingdom of heaven is like a king who ② prepared a ① wedding banquet for his son. **3** He sent his ③ servants to those who had been ④ invited to the banquet to tell them to come, but they ⑤ refused to come.

4 "Then he sent some more servants and said, *(1) 'Tell those who have been invited *(2) that I have prepared my dinner: My oxen and ⑥ fattened ⑦ cattle have been butchered, and everything is ready. Come to the wedding banquet."

5 "but they ⑧ paid no attention and ⑨ went off - one to his field, another to his ⑩ business. **6** The rest ⑪ seized his servants, ⑫ mistreated them and killed them. **7** The king was ⑬ enraged. He sent his army and ⑭ destroyed those ⑮ murderers and burned their city.

8 "Then he said to his servants, 'The wedding banquet is ready, but those I invited did not ⑯ deserve to come. **9** Go to the street corners and invite to the banquet anyone you find. 'So the servants went out into the streets and ⑰ gathered all the people they could find, both good and bad, and the wedding hall was filled with guests.

① **wedding banquet:** 결혼잔치
② **prepare:** 준비하다
③ **servant:** 하인, 부하, 봉사자
④ **invite:** 초대하다
⑤ **refuse:** 거절하다
⑥ **fatten:** 살찌우다
　 butcher: 도살하다, 학살하다
⑦ **cattle:** 소, 가축
⑧ **paid attention:** ~에 주의하다(to)
⑨ **went off:** 떠나다, 사라지다
⑩ **business:** 용건, 볼일
⑪ **seize:** 붙잡다, 붙들다
⑫ **mistreat:** 학대하다, 혹사하다
⑬ **enrage:** 노하게 하다
⑭ **destroy:** 파괴하다, 죽이다
⑮ **murderer:** 살인자
⑯ **deserve:** ~할 만하다, ~할 만한 가치가 있다
⑰ **gather:** 모으다

*(1) 4형식 *(2) 명사절(직접목적어)

혼인잔치의 비유

하늘나라는 아들을 위한 혼인잔치를 마련한 왕과 같다. 그는 잔치에 초대되었던 사람들에게 종들을 보내어 그들이 오도록 말했다. 그러나 그들은 오는 것을 거절했다. 그러자 왕은 좀 더 많은 종들을 보내서 초대되었던 사람들에게 "만찬을 준비했다. 소와 살찐 가축도 잡아 놓았고 모든 것이 준비되었다. 혼인잔치에 오라."라고 말했다. 그러나 그들은 말을 듣지 않았고 사라져버렸다. 한 사람은 밭에 가고 또 한 사람은 자기 사업을 하러 갔다. 나머지 사람들은 종들을 붙잡아 학대하고 죽였다. 왕은 화가 났다. 그는 군사를 보내 그런 살인자들을 죽이고 그들의 동네를 불태웠다. 그리고 나서 그는 종들에게 "혼인잔치가 준비되었다. 그러나 내가 초대했던 사람들은 올 만한 자격이 없다. 거리 모퉁이에 가서 발견되는 아무라도 잔치에 초대해라."라고 하였다. 그래서 종들은 거리 모퉁이에 가서 좋든 나쁘든 결혼식장은 손님들로 그들이 찾을 수 있는 모든 사람들을 모았다. 결혼식장은 손님들로 가득 찼다.

22:11 "But when the king came in to see the guests, he ⑱ noticed a man there who was not wearing wedding clothes. **12** 'Friend,' he asked, 'How did you get in here without wedding clothes? The man was ⑲ speechless. **13** "Then the king told the ⑳ attendants, Tie him hand and foot, and throw him outside into the darkness, where there will be weeping and gnashing of teeth." **14** "For many are invited, but few are chosen."

⑱ **notice**: 주의, 통지, 알아채다.
⑲ **speechless**: 말을 못하는, 입을 열지 않는
⑳ **attendant**: 수행인

그러나 왕이 손님들을 보기 위해서 들어왔을 때 그는 결혼 예복을 입지 않은 한 남자를 목격했다. 그는 "친구, 당신은 결혼 예복 없이 여기에 어떻게 들어 왔느냐?"라고 물었다. 그 남자는 아무 말도 하지 않았다. 그때 왕은 신하들에게 말했다. "그의 손과 발을 묶어서 흐느끼고 이를 악물고 있을 바깥 어두운 곳에 던져 버려라." 왜냐하면 초대된 사람들은 많았으나 선택된 사람들은 적기 때문이다.

The Greatest Commandment

22:34 Hearing that Jesus had ① silenced the ② Sadducees, the ③ Pharisees got together. **35** One of them, an ④ expert in the law, tested him with this question: **36** "Teacher, which is the greatest commandment in the law?" **37** Jesus replied: "'Love the Lord your God with all your ⑤ heart and with all your ⑥ soul and with all your ⑦ mind.' **38** This is the first and ⑧ greatest commandment.	① silence: 침묵시키다, 잠잠하게 하다 ② Sadducee: 사두개교도(부활을 믿지 않음) ③ Pharisee: 바리세인(종교상 형식주의자) ④ expert: 숙달자, 전문가 ⑤ heart: 심장, 마음, 애정, 열의 〈열정〉 ⑥ soul: 혼, 정신, 마음, 생명 〈목숨〉 ⑦ mind: 마음, 정신 〈정성〉
39 And the second is like it: 'Love your ⑨ neighbor as yourself. **40** All the Law and the Prophets ⑩ hang on these two commandments."	⑧ great: 큰, 거대한, 중대한, 중요한 ⑧ neighbor: 이웃(사람), 옆의 사람 ⑩ hang: 매달다, 덧붙이다

▌가장 중요한 계명

예수께서 사두개파 사람들을 침묵시켰다는 것을 바리새파 사람들이 듣고서 모였다. 율법 전문가인 그 둘 중의 한 사람이 이 질문으로 그를 시험했다. "선생님, 율법 중에서 어떤 것이 가장 중요한 계명입니까?" 예수는 "너희 하느님을 너희 마음을 다하고 목숨을 다하고 정성을 다하라. 이것이 가장 중요하고 우선되는 계명이다. 두 번째도 그와 같다. 네 이웃을 네 자신처럼 사랑하여라." 모든 율법과 예언자들의 말씀이 이 두 계명에서 나온 것이다.

A Warning Against ① Hypocrisy

23:8 You are not to be called 'Rabbi,' for you have only one Teacher and you are all brothers. **9** And do not *(1)call anyone on earth 'Father' for you have one ② Father, and he is in heaven. **10** ③ Nor are you to be called '④ instructors' for you have one Instructor, the Messiah.
11 The greatest among you will be your ⑤ servant. **12** For whoever ⑥ exalts himself will be humbled, and whoever ⑥ humbles himself will be exalted.

① hypocrisy: 위선
② Father: 하느님, 신부
③ nor: ~도(또한) ~않다
④ instructor: 교사,강사, 지도자
⑤ servant: 봉사자
⑥ exalt: (명예, 품위를) 높이다, 칭찬(찬양)하다
⑦ humble: 천한, 겸손한, 낮추다, 낮아지다

*(1) 5형식

▎위선에 대한 경고

너희는 '선생'이라고 불리어져서는 안 된다. 너희의 선생은 오직 한 분이고 너희는 모두 형제들이다. 세상의 누구에게도 아버지라고 부르지 마라. 아버지는 오직 한 분이기 때문이고 하늘에 계신다. 너희는 또한 '지도자들' 소리를 듣지 마라. 너희의 지도자는 그리스도 오직 한 분이기 때문이다. 너희 가운데서 가장 큰 자는 너희를 섬기는 자가 되어야 할 것이다. 누구든지 자신을 높이는 사람은 낮아질 것이고 자신을 낮추는 사람은 높아질 것이다.

The Sheep and Goat

I was hungry and you *(1) gave me something *(2) to eat, I was thirsty and you gave me something to drink, I was a ① stranger and you ② invited me in, 36 I needed clothes and you ③ clothed me, I was sick and you ④ looked after me, I was in prison and you came to visit me.' 37 Then the righteous will answer him, "Lord, When did we see you hungry and⑤ feed you, or thirsty and give you something to drink? 38 When did we see you a stranger in, or needing clothes and clothe you? 39 when did we see you sick or in prison and go to visit you?" 40 "Whatever did for one of the ⑥ least of these brothers and sisters of mine, you did for me."

① **stranger**: 나그네
② **invite**: 초청하다, 초대하다
③ **clothe**: ~에게 옷을 주다
④ **looked after**: ~을 보살피다
⑤ **feed**: 먹을 것을 주다, 먹이다
⑥ **least**: 가장 적은 〈보잘것없는〉

*(1) 4형식
*(2) 형용사구

▌양과 염소

내가 배가 고플 때, 너희는 내게 먹을 것을 주었다. 내가 목마를 때, 너희는 마실 것을 주었다. 내가 나그네로 있을 때, 너희는 나를 초대해 주었다. 내가 옷이 필요했을 때, 너희는 내게 옷을 입혀 주었다. 내가 아팠을 때 나를 보살펴 주었고 내가 감옥에 있을 때 너희는 나를 찾아 주었다. 그때 의로운 사람들이 그에게 대답할 것이다. "주님, 언제 주님께서 배고프신 것을 보고 우리가 음식을 주었습니까? 언제 목마른 것을 보고 마실 것을 주었습니까? 언제 나그네된 것을 보고 우리가 초대하였습니까? 우리가 언제 헐벗은 것을 보고 옷을 입혀 주었습니까? 언제 감옥에 있는 것을 보고 또 아프신 것을 보고 우리가 찾아갔습니까?" "너희가 이 형제자매 중에 가장 보잘것없는 사람에게 한 일이 곧 나에게 한 것이다."

The Day and Hour Un known

36 No one knows about that day or hour, Not even the angels in the heaven, *① nor the Son, but only the Father. 37 ② As it was in the days of Noah, ② so it will be ③ at the coming of the Son of Man.

24:38 For in the days before the flood, people were eating and drinking, marrying and ④ giving in marriage, up to the day Noah entered the ⑤ ark; 39 and they knew nothing about what would happen until the flood came and ⑥ took them all away. That is how it will be at the coming of the Son of Man.

42 Therefore keep ⑦ watch, because you do not know *(1) on what day your Lord will come. 43 But understand this: *(2) If the owner of the house had known *(3) at what time of night the thief was coming, he would have kept watch and would not have *(4) let his house be ⑧ broken into. 44 So you also must be ready, because the Son of Man will come at an hour when you do not expect him.

① nor: ~도 또한 ~하지 않다
② as~, so: ~하는 것과 마찬가지로 ~하다
③ at: ~때에
④ give in marriage: 장가보내다, 시집보내다
⑤ ark: (노아의) 방주
⑥ take away: 치우다, 제거하다, 쓸어가다
⑦ watch: 조심, 경계, 주의, 지켜보다 keep~: 망을 보다
⑧ break: (문을 부수고) 들어가다 ~into: (도둑이 집에) 들어오다

*(1) 명사절(목적어)
*(2) 가정법 과거완료
*(3) 명사절(목적어)
*(4) 5형식

┃ 그날과 그때는 아무도 모름

아무도 그날과 그때에 대해서는 모른다. 심지어 하늘에 있는 천사와 아들까지도 모른다. 오직 아버지만 아신다. 노아의 때처럼 내가 올 때에도 그와 마찬가지일 것이다. 홍수 이전의 시절에도 노아가 방주에 들어갈 때가지 사람들은 먹고 마시고 장가가고 시집가며 지냈다. 사람들은 홍수가 와서 그들 모두를 쓸어갈 때까지 무슨 일이 일어날 것인지 아무것도 몰랐었다. 내가 올 때에도 그와 같을 것이다. 그러므로 깨어 있으라. 너희는 어느 날에 내가 올지 모르기 때문이다. 그러나 이것을 이해하라. 집주인이 밤 몇 시에 도둑이 들어올 것인지 알았더라면 계속 지켜보았을 것이고 그의 집이 도둑 들지 않도록 했을 것이다. 그래서 너희도 준비를 해야 한다. 내가 너희가 생각지도 않는 때에 올 것이기 때문이다.

The Parable of the ten ① Virgins

25:5 The bridegroom was a longtime in coming, and they all became ① drowsy and ② fell asleep.
6 "At midnight the ③ cry ④ rang out: 'Here's the bridegroom! Come out to meet him!'
7 "Then all the virgins woke up and ⑤ trimmed their lamps, **8** The foolish ones said to the wise, 'give us some of your oil; our lamps are ⑥ going out.'
9 "No, 'they replied, 'there may not be enough for both us and you. ⑦ Instead, go to those who sell oil and buy some for yourselves.'
10 "But while they were on their way to buy their oil, the bridegroom arrived. The virgins who were ready went in with him to the wedding banquet. And the door was shut.
11 "Later the others also came. 'Sir, Sir!' they said. 'open the door for us!'
12 "But he replied, 'Truly I tell you, I don' know you.'
13 "Therefore keep watch, because you do not know the day or the hour.

① drowsy: 졸리는
② fell asleep: 잠들다
③ cry: 고함, 알리는 소리, 외치다
④ ring out: (종을 울려) 울려 퍼지다
⑤ trim: ~을 손질하다, ~을 장식하다
⑥ go out: 꺼져 가다
⑦ Instead: 그 대신에, 그보다도

열 처녀의 비유

신랑이 올 때 오랜 시간이 걸려서 처녀들은 졸리고 잠들어버렸다. 한밤 중에 외치는 소리가 울려 퍼졌다. "신랑이 옵니다. 그를 맞으러 나오세요." 그때 모든 처녀들이 잠에서 깨서 그들의 등을 손질했다. 어리석은 자들은 지혜로운 자들에게 "우리한테 기름 좀 주세요, 우리 등이 꺼져가요." 그들은 안 된다고 대답했다. "우리 두 사람에게도 충분하지 않을 수 있어요."라고 대답했다. "그보다는 기름 파는 사람들한테 가서 당신들을 위해서 좀 사세요." 그러나 그들이 기름을 사러가는 중에 신랑이 도착했다. 준비된 처녀들은 신랑과 함께 결혼 잔치에 들어갔다. 그리고 문이 닫혔다. 나중에 다른 사람들이 와서 "선생님, 선생님, 우리들을 위해서 문을 열어주세요" 라고 말했다. 그러나 그는 "진실로 말하건대 나는 너희를 모른다"라고 대답했다. 그러므로 깨어 있으라. 너희는 그날과 그 시간을 모르기 때문이다.

The ① plot Against Jesus

26:1 When Jesus had finished saying all these things, he said to his disciples, **2** "As you know, the ② Passover is two days ③ away - and the Son of Man will be handed over to be ④ crucified."
26:3 Then the chief priests and the elders of the people ⑤ assembled in the ⑥ palace of the high priest, whose name was ⑦ Caiaphas, **4** and they ⑧ schemed to arrest Jesus ⑨ secretly and kill him. **5** "But not during

① **plot:** 음모(를 꾸미다)
② **Passover:** 유월절
③ **away:** 떨어져서, 멀리
④ **crucify:** 십자가에 못 박다
⑤ **assemble:** 모이다, 회합하다
⑥ **palace:** 궁전, 공관
⑦ **Caiaphas:** 가야바
⑧ **scheme:** ~을 계획하다

▌예수를 죽일 음모

예수님께서 이 모든 말씀을 마치셨을 때, 그는 제자들에게 너희가 알다시피 유월절이 이틀 뒤이다. 내가 십자가에 못 박히게 하기 위해서 넘겨질 것이다. 대제사장과 장로들이 가야바 라고 하는 대제사장 공관에 모여서 그들은 예수를 몰래 체포해서 죽일 음모를 꾸몄다. 명절 기간에는 사람들 사이에 폭동이 일어날 수 있으니 그때는 안 된다고 말했다.

Judas Agrees to ① Betray Jesus

26:14 Then one of the twelve - the one called Judas Iscariot - went to the chief priests **15** and asked, "What are you willing to give me if I deliver him over to you?" So they ② counted out for him thirty pieces of silver.
16 From then ③ on Judas ④ watched for an opportunity to hand him over.

① **betray:** 배반(배신)하다, (조국, 친구 등을) 팔다
② **count out:** 하나하나 세어내다
③ **on:** 계속하여
④ **watch for:** 지켜보다(기회를 노리다)

▌유다의 배반

그때, 열두 제자 가운데 한 명인 가룟 출신의 유다가 대제사장들에게 가서 물었다. "내가 예수를 당신들에게 넘기면 나에게 얼마를 주겠느냐"라고 물었고 그래서 그들은 그에게 은전 30개를 하나하나 세어 주었다. 그때부터 유다는 그를 넘길 기회를 노렸다.

Jesus Predicts Peter's Denial

26:31 Then Jesus told them, "This very night you will all ② fall away ③ on account of me, for it is written: 'I will ④ strike the ⑤ shepherd, and the sheep of the ⑥ flock will be scattered.' **32** But after I have ⑦ risen, I will go ahead of you into Galilee."	① **denial**: 부인, 부정, 거절 ② **fall away**: 멀어지다, 변절하다 ③ **on account of**: ~ 때문에, ~이유로 ④ **strike**: 치다, 때리다, 두드리다 ⑤ **shepherd**: 목자 ⑥ **flock**: (양, 사람의) 무리, 떼 ⑦ **rise**: (죽음에서) 다시 살아나다

▌예수, 베드로의 부인 예언

그러고 나서 예수는 그들에게 "오늘 밤 바로 너희들 모두가 나 때문에 변절할 것이다. 성경에 '내가 목자를 칠 것이다. 그리고 양 떼들이 흩어질 것이다.' 라고 쓰여 있기 때문이다. 그러나 내가 다시 살아난 이후에 너희보다 먼저 갈릴리로 갈 것이다."라고 말했다.

26:33 Peter replied, "① Even if all fall away on account of you, I never will." **34** "Truly I tell you," Jesus answered, "This very night, before the ② rooster ③ crows, you will ④ disown me three times." **35** But Peter ⑤ declared, "Even if I have to die with you, I will never disown you." and all the other disciples said the same.	① **even if(though)**: 비록 ~할지라도 ② **rooster**: 수탉 ③ **crow**: (수탉이) 울다 ④ **disown**: 부인하다, ~와 관계가 없다고 말하다 ⑤ **declare**: 선언하다, 발표(포고, 성명, 공언)하다, ~을 밝히다, 분명히 하다

베드로가 "다른 모든 제자들이 주님 때문에 변절할지라도 나는 절대 그렇지 않을 것입니다."라고 대답했다. 예수께서는 "진실로 말하건대, 바로 오늘 밤 수탉이 울기 전에 너는 나를 세 번 부인할 것이다." 그러나 베드로는 "내가 주님과 함께 죽어야 한다고 할지라도 나는 주님과 관계가 없다고 결코 하지 않을 것입니다."라고 분명히 했다.

The death of Jesus

27:45 From noon until three in the afternoon darkness came over all the land.

51 At that moment the curtain of the temple was ① torn out in two from top to ② bottom. The earth shook and the rocks ③ split. 52 The ④ tombs broke open and the bodies of many ⑤ holy people *(1)who had died were ⑥ raised to life. 53 They came out of the tombs, and after Jesus' ⑦ resurrection, they went into the ⑧ holy city and ⑭ appeared to many people.

54 When the ⑨ centurion and those with him *(2) who were ⑩ guarding Jesus saw the ⑪ earthquake and all that had happened, they were ⑫ terrified, and ⑬ exclaimed, "Surely he was the Son of God!"

① tear: 찢다
② bottom: 바닥
③ split: 쪼개지다, 갈라지다
④ tomb: 무덤
⑤ holy: 경건한, 신성한
  ~people: 성도
⑥ raise: (죽은 자를) 되살리다
⑦ resurrection: 부활
⑧ holy city: 거룩한 성
⑨ centurion: 백부장
⑩ guard: 지키다, 보호하다
⑪ earthquake: 지진
⑫ terrified: 겁난, 놀랜
⑬ exclaim: 외치다, 큰소리로 말하다

▌ 예수의 죽음

낮 12시부터 오후 3시까지 온 땅이 어둠에 덮였다. 그 순간에 성전의 커튼이 위에서부터 아래까지 두 조각으로 갈라졌다. 땅이 흔들리고 바위들이 쪼개졌다. 무덤이 열리고 죽었던 많은 성도들의 몸이 다시 살아났다. 그들은 예수께서 부활한 이후에 무덤에서 나와 거룩한 성으로 들어가서 많은 사람들 앞에 나타났다. 예수를 지키고 있었던 백부장과 병사들이 지진과 일어났던 모든 것을 보고 놀랐었고 "이 사람은 확실히 하느님의 아들이다."라고 큰 소리로 말했다.

Jesus Has Risen

28:1 After the ① Sabbath, at ② dawn on the first day of the week, Mary Magdalene and the other Mary went to look at the tomb.
2 There was a violent earthquake, for an angel of the Lord came down from heaven and, going to the tomb, rolled back the stone and sat on it. **3** His ③ appearance was like ④ lightning, and his clothes were as white as snow. **4** The guards were *(1)so afraid that they ⑤ shook and became like dead man.

① **Sabbath:** 안식일
② **dawn:** 새벽, 동틀녘
③ **appearance:** 출현, 생김새, 풍채
④ **lightning:** 번개
⑤ **shake:** (공포 따위로)떨다, 덜덜 떨다

*(1) so~that: 몹시~해서 ~하다

┃ 예수 부활

안식일 다음 날, 주의 첫날 새벽에 막달라 마리아와 다른 마리아가 무덤을 보러 갔다. 강렬한 지진이 있었다. 하늘의 천사가 하늘에서 내려와서 무덤으로 가면서 돌을 굴러 치우고 그 위에 앉아 있었다. 그의 모습은 번개 같았고 옷은 눈처럼 희었다. 경비병들이 매우 두려워서 덜덜 떨었고 죽은 사람처럼 되었다.

28:5 The angel said to the women, "do not be afraid, for I know that you are looking for Jesus, who was crucified. **6** He is not here; he has risen, just as he said. Come and see the place *(1)where he lay. **7** Then go quickly and tell his disciples: 'He has risen from the dead and is going ahead of you into Galilee. There you will see him. 'Now I have told you.'"

8 So the woman ① hurried away from the tomb, afraid yet filled with joy, and ran to tell his disciples. **9** Suddenly Jesus met them. "Greetings," he said. They came to him, ② clasped his feet and ③ worshipped him. **10** Then Jesus said to them, "Do not be afraid. Go and *(2)tell my brothers to go to Galilee; there they will see me."

① **hurry away(off):** 급히 자리를 뜨다
② **clasp:** 꼭 붙잡다
③ **worship:**공경하다, 신으로 모시다

*(1) 형용사절(관계부사)
*(2) 5형식

천사가 여인들에게 "두려워 마라, 나는 너희가 십자가에 못 박혀 죽은 예수를 찾고 있는 중인 것을 알고 있다. 그는 여기에 없다. 그는 그가 말한 그대로 살아나 있다. 와서 그가 누워 있던 곳을 보아라. 그리고 빨리 가서 그의 제자들에게 그가 죽음에서 다시 살아나서 네 보다 먼저 갈릴리로 가는 중이다. 거기에서 너희는 그를 볼 것이다. 자, 너희에게 말을 전했다." 그래서 여인들은 급히 무덤에서 떠났다. 두려우면서도 매우 기뻤고 제자들에게 전해주려고 달려갔다. 갑자기 예수가 그들에게 나타났다. 예수가 "잘 있었느냐?"라고 말했다. 사람들은 그에게 와서 그의 발을 꼭 붙잡고 경배했다. 그리고 나서 예수가 그들에게 "두려워 마라. 가서 나의 형제들에게 갈릴리로 가라고 전하라. 거기서 그들이 나를 볼 것이다."라고 말했다.

The Great ① Commission

28:16 Then the eleven disciples went to Galilee, to the mountain *(1) where Jesus had told them to go. **17** When they saw him, they worshiped him; but some ② doubted. **18** Then Jesus came to them and said, 'All ③ authority in heaven and on earth has been given to me. **19** Therefore go and ④ make disciples of all nations, baptizing them ⑤ in the name of ⑥ the Father and of the Son and of the Holy Spirit, **20** and *(2) teaching them to obey everything *(3) I have ⑥ commanded you. And surely I am with you always, to the very end of the age.

① **commission:** 임무, 명령, 위임장, (집합적) 위원회
  great~: 사명
② **doubt:** 의심하다
③ **authority:** 권한, 권위, 권력, (복수)당국
④ **make ~of:** ~을 ~으로 만들다
⑤ **in the name of:** ~의 이름으로
⑥ **command:** ~에게 명령(요구)하다

*(1) 형용사절(관계부사)
*(2) 5형식
*(3) 형용사절

▌사명

그때, 11명의 제자들이 갈릴리로 가서 예수가 그들에게 가라고 했던 산에 갔다. 그들이 그를 보았을 때, 그들은 그에게 경배했다. 그러나 의심하는 사람도 있었다. 그때 예수는 그들에게 와서 말했다. "하늘과 땅에 있는 모든 권세가 나에게 주어졌다. 그러므로 가서 모든 민족을 제자로 삼아 아버지와 아들과 성령의 이름으로 세례를 베풀어라. 그리고 그들에게 내가 지시했던 모든 것을 지키도록 가르쳐라. 분명히 나는 세상 끝날 때까지 항상 너희와 함께 있겠다."

① Proverbs [잠언록]

11:24 One person gives ② freely, yet ③ gains ④ even more; another ⑤ withholds ⑥ unduly, but ⑦ comes to ⑧ pover□ty. 후하게 베푸는 사람은 더 많이 얻지만, 인색하게 구는 사람은 가난해질 뿐이다.	① **proverb**: 격언, 속담, 〈성서〉 잠언 ② **freely**: 자유로이, 아낌없이 ③ **gain**: (노력하여) 얻다, 획득하다 ④ **even**: 훨씬(비교급 강조) ⑤ **withhold**: 주지(허락하지) 않고 두다, 억제하다 ⑥ **unduly**: 과도하게, 부당하게 ⑦ **come to**: ~에 이르다, ~에 달하다 ⑧ **poverty**: 가난, 결핍
14:31 Whoever ① oppresses the poor shows ② contempt for their maker, but whoever is kind to the ③ needy ④ honors God. 가난한 사람을 학대하는 자는 저들을 만드신 주를 멸시하는 것이며, 궁핍한 자에게 베푸는 자는 하나님을 경외하는 것이다.	① **oppress**: 억압하다, 학대하다 ② **contempt**: 경멸, 모욕(for) ③ **needy**: 가난한, 생활이 딱한 ④ **honor**: 존경(존중)하다
16:32 Better a patient person than a ① warrior, one with ② self-control than one who ③ takes a city. 노하기를 더디하는 사람은 용사보다 낫고 자기를 다스릴 줄 아는 자는 성을 정복한다.	① **warrior**: 전사 ② **self-control**: 자제(심), 극기 ③ **take**: 손에 잡다, 획득하다
17:17 A friend loves at all times, and a brother is born for a time of ① adversity. 친구는 변함없이 사랑하고 형제는 어려울 때 돕는다.	① **adversity**: 역경, 불행, 불운 ① **adversity**: 역경, 불행, 불운
19:17 Whoever is kind to the poor lends to the Lord, and he will reward them for what they have done. 가난한 자에게 베푸는 일은 여호와께 빌려드리는 것이니, 그분이 후하게 보상하신다.	
19:21 Many are the plans in a person's heart, but *(1) it is the Lord's ① purpose *(1) that ② prevails. 사람의 마음에는 많은 계획이 있지만 결국 여호와의 뜻대로 성취된다.	① **purpose**: 목적, 의도, 의지 ② **prevail**: 우세하다, 유력하다, *(1) it〈가주어〉 ~that,〈진주어〉 강조용법

21:31 The horse is made ready for the day of battle but victory ① rests with the Lord. 전쟁을 대비하여 말을 준비해도 승리는 여호와께 달려 있다.	① **rest:** (결정) ~에게 있다(with), 휴식, 나머지
24:16 Though the righteous fall seven times, they rise again, but the wicked ① stumble when ② calamity ③ strikes. 의인은 일곱 번 넘어져도 다시 일어나지만 악인은 재앙이 닥치면 망하고 만다.	① **stumble:** 넘어지다. ② **calamity:** 재난, 재해, 불행, 비운 ③ **strike:** (때가) 오다
25:21 If your enemy is hungry, give him food to eat; if he is thirsty, give him water to drink. 네 원수가 굶주리거든 그에게 먹을 것을 주어라. 목말라 하거든 마실 것을 주어라.